다국적기업과 해외직접투자 그리고 공정경영

Multinational Corporations, Foreign Direct Investment, and Fair Management

다국적기업과 해외직접투자
그리고 공정경영

Multinational Corporations, Foreign Direct Investment,
and Fair Management

신 상 헌

책을 내면서

기업은 소비자들에게 좋은 상품을 제공하고 그 대가로 지속가능한 경영을 추구한다. 그리고 대다수 소비자들은 기업의 훌륭한 상품에 만족한다.

특히 국제기업들은 국내기업보다 다양하고 우수한 상품들을 생산하여 소비자들에게 접근하며, 효율적 생산이나 마케팅을 위해서는 국경보다 시장의 경계를 더 중시하는 경영활동을 하고 있다.

그리고 마케팅담당자와 기업들은 오직 성능이 뛰어난 상품만이 소비자들의 만족을 이끌어낼 수 있는 방법으로 생각하여 왔다. 게다가 소비자들은 화려한 광고를 후광효과로 포장하는 상품들에게 더욱 더 큰 만족을 추구할 것으로 생각하였다.

하지만 지금까지 성능이 우수하고 디자인이 뛰어난 상품을 좋은 상품으로 인식하여 온 소비자들은 이제 바르게 만들어진 상품을 좋은 상품으로 인식해야만 하는 시대가 되었다. 소비자로서 조금만 노력한다면 이제 수많은 언론매체와 인터넷 등을 이용하여 내가 사용하는 상품이 생산과정에서 환경을 오염하지는 않는지, 근로자 환경은 건전한지, 어린이들의 노동력을 착취하지는 않았는지 등을 살펴 볼 수 있다.

지금까지 투자자를 포함한 경영자의 시각에서 쓰여져 온 책들은 소비자들의 시각으로 쓰여져야 한다. 소비자들이 적정하다고 판단하는 모든 경영활동들만을 준수하는 다국적기업들만이 앞으로는 건전하고 현명한 글로벌시장에서 살아남을 수 있기 때문이다.

　이 책에서는 다국적기업들의 해외직접투자에 대해 설명하고 있다. 여러 국적을 가진다는 기업들에게 현재 지구촌에서의 정치적인 국경의 의미는 자국 보호주의와 강대국의 팽창주의로 인해 그 의미가 강화되고 있는 추세이다.

　그리고 경제와 기업경영을 위해서는 자국의 이익에 따라 국경의 높이를 낮추거나 무의미화되고 있는 현실이다. 21세기부터는 비록 작은 기업이라 할지라도 정상적인 궤도에 올라선 기업들은 해외에서 불어오는 바람을 피할 수 없는 시장환경에서 경영활동을 하고 있다.

　기업이 가지고 있는 경쟁우위나 특유요소에 따라 적극적인 경영전략으로 해외바람을 관리하거나, 아니면 방어적인 태도로 바람을 최소화하는 경영전략을 행사할 수도 있다. 따라서 본서에서는 국경을 초월한 경영활동을 수행하여야 하는 미래의 최고경영자Chief Executive Officer, CEO들과 현재의 경영자들이 숙지해야 할 지식과 이론 그리고 사례들뿐만 아니라 바른 상품들을 바르게 생산해야 하는 시대적 책임을 설명하고 있다.

　그리고 세상의 모든 교과서에는 기업의 설립목적이 '이윤의 극대화' 혹은 '주주 부富의 극대화'라 설명하고 있다. 하지만 극대화를 추구하는 과정에서의 심각한 부작용, 예를 들면 독과점 및 MRO 등의 결과로 나타나는 개인의 몰락을 고려한다면 기업은 하루빨리 그 설립이나 경영목적이 '이윤의 적정화' 및 '주주 부의 적정화'로 명시되어야 한다. 이 시대의 소비자들은 숫자보다는 가슴으로 기업을 평가하고 그 상품에 다가가는 시대에 살고 있다.

2011년 6월

차 례

1.
다국적기업

다국적기업多國籍企業, Multinational Corporations[1]이라는 복잡한 회사를
설명하기 위해 국내기업을 먼저 살펴보자.

그런데 국내기업國內企業, Domestic Company[2]은 소속 국적으로 분류하

---

1) **Multinational Corporation** A corporation that maintains assets and/or operations
in more than one country. A multinational corporation often has a long supply
chain that may, for example, require the acquisition of raw materials in one
country, a product's manufacture in a second country, and its retail sale in a third
country. The International Labour Organization (ILO) has defined an MNC as a
corporation that has its management headquarters in one country, known as the
home country, and operates in several other countries, known as host countries.

2) **Domestic Company** A corporation that is conducting business and is based in the
country in which it is established, as opposed to an international corporation.
A firm incorporated under the laws of the country or state in which it does
business. For example, a firm incorporated in the United States is considered a
domestic corporation in the U.S., as opposed to a foreign corporation.

면 외국기업外國企業, Foreign Company3)과 상반되는 의미이고, 경영활동 영역으로 나누면 국제기업國際企業, International Company4)과 비교할 수 있다.

쉽게 설명하면 우리나라 기업이라는 의미의 국내기업은 외국기업, 즉 다른 나라 기업과 비교된다. 그리고 활동영역에 따라서 다시 분류하면 국내기업은 여러 나라에서 활동하는 국제적인 기업과 국내활동에만 전념하는 기업으로 나눌 수 있다.

그리고 국제기업은 해외경영과 관련되는 기업들의 총칭으로 학자들은 수출과 라이센싱 활동을 하는 수출입 기업을 제외하면 다음과 같이 나누고 있다. 이들 기업의 특징은 경영의 상당부분이 다수국가에서 이루어진다는 점이다.

1) 글로벌기업 全球企業, Global Corporation
2) 다국적기업 多國籍企業, Multi-national Corporation, MNCs
3) 초국적기업 超國籍企業, Transnational Corporation, TNCs
4) 소형다국적기업 小型多國籍企業, Micro-multinationals

---

3) **Foreign Company** Foreign corporation is the body incorporated in another state or country other than the state or place where it operate or otherwise perform business activities.

4) **International Company** A specific entity, such as a multinational corporation or international business company that engages in business among multiple countries. The exchange of goods and services among individuals and businesses in multiple countries.

1) 글로벌기업 Global Corporation

사실 글로벌기업과 다국적기업은 혼용하여 함께 사용하는 경우가 많다. 글로벌기업이란 단어는 비교적 최근에 글로벌global이라는 단어가 유행함에 따라 지구온난화global warming, 글로벌시대 등 보통명사에 접두어 형식으로 사용되고 있다.

하지만 엄밀히 구분한다면 다국적기업이란 그 동안 2개국 이상에서 경영활동을 수행하는 기업들로 정의하여 왔고, 글로벌기업은 그 경영활동 영역이 2개국보다 더 많은 지구촌으로 확대되는 의미를 가지고 있다. 따라서 글로벌기업과 다국적기업은 경영활동영역의 크기에서 큰 차이가 없으므로 혼용하여 사용할 수 있지만 전통적인 정의로 볼 때 글로벌기업이 초국적기업에 더 가깝다.

2) 다국적기업 Multi-national Corporation, MNCs

다국적기업의 시초는 영연방동인도회사British East India Comapny(1600)와 네덜란드동인도회사Dutch East India Comapny(1602)라는 주장이 유력하다. 하지만 이들이 비록 주식을 발행하여 자금을 모은 첫 다국적기업이지만 전쟁선포권, 국가와의 협정, 화폐제조, 식민지설립 등 국가에 준하는 권한을 가지고 있어 진정한 기업으로 보기에 어려운 면도 있다.

이러한 권한이 가능했던 배경에는 1492년 콜럼버스Christopher Columbus (1451~1506)가 아메리카대륙의 존재를 유럽에 알림으로써5) 여러 미개척

---

5) 콜럼버스가 미대륙을 발견하였다는 주장은 미국식 견해이다. 역사자료를 살펴보면 콜럼버스가 대륙에 도착하였을 때 현지에는 100만에서 1,800만 정도의 인구가 있었고, 이들은 6만년에서 2만 년 전부터 아시아에서 건너와 살고 있던 인디언들이다. 콜럼버스보다 약 500년 전에는 스칸디나비아 출신 리프 에릭슨Leif Ericson(970~1020)이 대륙에 거주한 기록도 쉽게 찾을 수 있다.

지에서 얻을 수 있는 이익을 위해 기술력과 경제력의 집중이 가능하였기 때문이다.

다국적기업의 특징은 본국의 의미가 강하다. 즉, 본사를 본국home country에 두고 투자가 이루어지는 다른 나라host country에 자회사subsidiaries를 두고 경영활동을 하는 기업이다. 다국적기업의 수를 정확히 집계하기는 어려우나 국제연합무역개발위원회UNCTAD[6])에 따르면 전세계 63,000개의 다국적기업이 약 700,000개의 자회사를 가진 것으로 조사된 적이 있다.

2011년 Fortune에서 발표된 2010년 세계 500대 다국적기업을 분석해 보면 전세계 생산과 투자의 과반수를 차지하고 있으며 미국, 일본, 중국의 다국적기업수가 262개로 50% 이상, 프랑스와 독일을 포함한 5개국이 70% 이상, 영국, 스위스, 한국, 네덜란드, 캐나다 등 10개국이 413개로 전체의 80% 이상을 차지하고 있다.

3) 초국적기업 Transnational Corporation

초국적기업Transnationals[7])은 다국적기업이나 글로벌기업과 혼용하여 사용하는 예는 있으나 진정한 초국적기업은 찾아보기 어렵다.

초국적기업의 특징은 '국적을 초월하는' 단어 자체의 조건 때문에 고

---

6) **UNCTAD** United Nations Conference on Trade and Development, 2011. www.unctad.org

7) **Transnational Corporation** A Transnational Corporation (TNC) differs from a traditional MNC in that it does not identify itself with one national home. While traditional MNCs are national companies with foreign subsidiaries, TNCs spread out their operations in many countries sustaining high levels of local responsiveness.

정된 모국의 의미가 없거나 매우 약해야 하는 기업이다. 즉, 국적의 의미가 낮으며 오직 기업의 이익을 위해 전세계 어느 나라에서 본사가 안주하거나 또 다른 이익을 위해 이주하는 기업이다.

흔히 매체에서는 대표적인 초국적기업으로 네슬레Nestlé를 꼽고 있다. 그 이유로 이사회와 임원진들이 여러 국적의 사람으로 구성되어 있다는 점 때문이다. 하지만 다양한 국적의 임원진은 다른 다국적기업에서도 쉽게 찾을 수 있다. 특히 독일에서 태어난 헨리 네슬레Henri Nestlé(1814~1890)는 젊은 시절 스위스로 이주하여 1866년 설립한 네슬레는 지금까지 그 자리(Vevey, Switzerland)에 있다. 또한 스위스라는 우수한 원산국효과country-of-origin effect를 이용하여 스위스 기업이라는 이미지를 광고에 이용하고 있다.

진정한 초국적기업은 특정국가의 이미지가 배제된 기업이다. 대부분의 다국적기업에서 나타나는 본국중심의 임원진들로 구성되기 보다는 능력중심 채용으로 다양한 국가 출신들로 구성되어 여러 문화가 공존하는 기업이다.

4) 소형다국적기업 Micro-multinationals[8]

소형다국적기업을 설명하기 위해서는 경영활동의 기반이 되는 인터넷을 빼놓을 수 없다. 인터넷의 역사는 1950~1960년대 주 컴퓨터mainframe와 보조컴퓨터terminals간의 통신으로 시작하지만 1995년 상업용 통신Commercial ISPs, Internet Service Providers이 허가되면서 통신시장에서 큰 변화를 만들었다. 양방향통신에서 1993년 1%를 차지하던 인터넷이

---

8) **Micro-multinationals** Enabled by Internet based communication tools, a new breed of multinational companies is growing in numbers. These multinationals start operating in different countries from the very early stages. These companies are being called micro-multinationals.

2000년에는 51% 그리고 2007년에는 97%의 정보를 전달하는 매체로 성장하여 통신시장에서 물리적 거리의 의미를 무색하게 만들었다.

1990년대 중반부터 시작된 전자메일, 문자메시지, World Wide Web 등 다방향 통신은 블로그blogs와 사회연계망social networking뿐만 아니라 상업적인 온라인쇼핑online shopping시대를 열었다. 현재는 헤아릴 수 없을 정도의 엄청난 정보와 지식, 오락, 사회연계망 그리고 상업시설이 구축되어 있다.

소형다국적기업은 인터넷상의 원활한 통신망과 오프라인상의 물류설비와 결합하여 사업초반부터 여러 국가에서 쉽게 회사를 설립한다. 통상적인 다국적기업과의 차이를 살펴보면 이들 기업들은 대부분 중소기업들이다. 비록 규모는 작지만 웹사이트web-sites가 있는 국가에서 현지 근로자를 채용하고 상품을 제공하여 현지고객의 욕구를 충족시킨다는 상업성은 같다.

그리고 글로벌 인터넷도구들인 Google, Yahoo, MSN, 한국의 Naver, 중국의 바이뚜www.baidu.com 등이 현지 소비자들에게의 접근성을 용이하게 한다. 특히 서비스산업에서의 소형 다국적기업들을 보면 물리적 시설이 불필요하므로 자원이나 상품, 근로자, 고객들이 모두 다른 나라에 상주하고 있다. 특히 소프트웨어 개발회사의 경우 이민 등 물리적인 주거이동이 불필요하므로 자국에서 필요한 업무를 충분히 수행할 수 있다.

다음 〈표 1-1〉에서 글로벌, 다국적, 초국적, 소형다국적기업의 특성을 살펴보자.

〈표 1-1〉 기업유형과 경영특성

기업명칭	경영전략	정치성	임원지향성
글로벌기업	최고의 기술시장	관심도 낮음 단기	본국 및 현지국 중심
다국적기업	시장 및 고객지향	관심도 높음 장기	본국 중심
초국적기업	최고의 기술시장 그리고 시장 및 고객지향	관련성 낮음 단기	현지국 혹은 무국적
소형 다국적기업	유통망 중심	관련성 높음 장기	본국 중심

탐구과제

1-1. 글로벌기업과 다국적기업 그리고 초국적기업의 차이를 자신의 생각과 지식으로 간단히 정리해 보자.

1-2. 소형다국적기업에는 어떤 회사들이 있는지 검색해 보고 경영특성을 살펴보자.

2.

다국적기업 정서

1) 다국적기업의 현실

다국적기업은 본국home country과 현지국host country의 근로자뿐만 아니라 소속사회와 국가에도 큰 영향력을 가지고 있다. 직접투자를 통한 현지 생산시설의 건설은 현지국에는 고용창출이라는 긍정적인 효과가 있지만 본국에서는 간혹 생산기지의 축소나 폐쇄로 이어져 실업자가 발생하는 부정적인 효과가 있다. 하지만 현지국과 본국에 대한 관계는 매우 복잡하여 경제적인 효과를 산출하기가 어렵다.

또한 요소들간에 관련성이 있어서 명확하게 설명하기도 어려운 실정이다. 해외투자는 현지국에 기술이전과 고용을 창출하지만 장기적인 시각으로 볼 때 발생한 이윤을 본국으로 송금하는 과정은 현지국 입장에서는 부의 유출이며 이는 때때로 현지국과 다국적기업간의 마찰요인이 되기도 한다.

동종산업의 해외투자 확대의 경우, 낮은 생산비 등으로 저가의 제품이 국내로 유입되므로 국내시장에서의 경쟁이 심해지고 소비자들에게는 낮은 가격과 다양한 제품의 선택이 가능해진다. 현지국에의 기술이전은 종종 기반시설이나 지식이 없는 산업분야에서 이루어지며 현지국의 지원이 있지만 미래의 경쟁자가 되어 투자회수를 해야 하는 사례도 빈번하게 발생하고 있다.

옹호론자들은 정부가 기업의 행위를 법률로 제한 및 통제하고 있으며, 불법적인 회사나 경영자는 항상 적발되며 벌금위주로 죄를 치르고 있다고 주장한다. 작은 기업들에게는 벌금의 액수가 연매출액에 가깝고 담배회사같은 사회적 악영향 기업은 점차 사라지고 있다고 설명한다. 그리고 기업윤리가 보급됨에 따라 경영자들은 일반사람들보다 더 비윤리적이거나 불법을 저지르려고 하지 않는다. 궁극적으로 다국적기업들은 일반기업보다 뛰어난 기술을 바탕으로 더 많은 일자리를 창출하고 저개발국의 경제발전에 도움을 준다고 주장하고 있다.

2) 다국적기업 비판

학자들이나 사회운동가 그리고 해고자들은 급속히 증가하는 다국적기업이 사생활 침해같은 개인의 기본권리를 침해하고 있다고 비판한다. 그리고 과대한 광고나 마케팅 기법으로 소비자들을 충동하여 불필요한 소비를 조장하고, 심지어 해당국가의 정책에도 영향을 끼친다고 설명한다.

눈부시는 옥외광고 이외에도 진실과 동떨어진 미디어 광고, 컴퓨터상의 악성광고코드, 밤낮을 가리지 않는 휴대폰의 스팸문자 그리고 텔리마케팅뿐만 아니라 미성년자를 대상으로 하는 광고, 게릴라광고 등이 대부분 대기업들에서 이루어진다는 점이다. 따라서 반기업운동가들은 대기업들이 오직 주주의 부 증가에만 관심이 있고, 인권이나 다른 사회적 문제에는 냉담하다고 혹평한다.

규모가 큰 다국적기업들의 매출액은 국가의 GDP보다 큰 경우도 많다. 몇 년전(2006) 국가의 GDP와 기업의 매출액을 기준으로 100위를 선정한 결과 그 중 53개가 다국적기업으로 이들의 매출액은 지구상 200개 초반의 국가들 중 120개 하위국가의 경제규모보다 크다. 따라서 대규모 다국적기업들은 현지국 경제뿐만 아니라 세계경제에도 큰 영향력을 가질 수 있다. 다국적기업들이 흩어진 자원을 개발하여 효율적인 생산을 통해 고용과 전세계 부의 증진에 기여한다는 옹호론자들이 있는 반면 자원과 노동력을 착취하고 소수에게 부의 집중을 심화한다는 비판론자들도 있다.

다국적기업에 대한 비판은 구조적으로 본국과 현지국 쌍방에서 발생하기 마련이다. 이는 서로의 목적과 정책이 다르기 때문이다. 다국적기업들은 종종 해외 자회사간에 자본의 이동이나 이전가격을 통한 세금회피 혹은 투자지원을 목적으로 시행된 투자, 현지국의 법과 관습을 무시하는 영업행위 등을 야기한다.

그러나 현지국들은 자국에 있는 다국적기업들을 효과적으로 제재하거나 통제하기가 어렵다. 그 이유는 다국적기업의 거대한 자본과 기술, 특히 개도국의 경우 소수집단에 의해 결정되는 정책은 다국적기업과 긴밀한 관계를 유지하고 있기 때문이다. 현지국들은 이러한 다국적기업의 행위를 통제하기 위해 다국적기업간의 경쟁을 유도해야하고, 다국적기업들은 단기적인 이윤추구보다는 장기적인 이윤과 기업성장을 위해 현지국과 노력해야 한다.

다국적기업들의 해외직접투자 행위는 저개발국이나 개발도상국 뿐만 아니라 선진국과 선진국간의 진출에서도 투자환경에 따라 여러 가지 이유로 인한 비판이 지속적으로 제기되어 오고 있다. 다국적기업에 대한 비판은 자국과 현지국 모두에서 발생할 수 있는데 비판요인의 대표적인 예는 다음과 같다.

본국 시각

- 지역내 산업 공동화(空洞化)를 만든다.
- 고용기회와 기술 및 자본을 국외로 유출한다.
- 본국정부의 법이나 규제를 피해 경영활동을 한다.
- 미래의 경쟁상대를 육성하여 자국산업의 경제력을 약화시킨다.
- 종종 해외에서 창출된 이윤을 국내로 송금하지 않고 재투자한다.

현지국 시각

- 두뇌를 독점하고 유출한다.
- 산업을 지배하여 신식민관계를 생성한다.
- 현지환경에 크게 신경쓰지 않고 이익만 추구한다.
- 기업청산이나 뇌물, 가격조정 등의 비윤리적 경영행위를 한다.

탐구과제

2-1. 당신은 친기업 정서를 가지고 있는가 아니면 반기업 정서를 가지고 있는가?

2-2. 알고 있는 다국적기업들을 떠올리고 자료나 뉴스를 검색하여 살펴 보고 이들 기업을 비평하여 보자.

2-3. 다음의 시사성 기사를 읽고 자신의 의견을 발표해 보자.

'먹튀' 프라다

당기순이익 77.2% 150억원대 네덜란드 모회사 현금배당
2001년 기부금 50만원, 최근 5년간 0원 '사회공헌 외면'

명품 브랜드 프라다가 국내에서 높은 이익을 남기고도 사회공헌은 외면한 것으로 드러났다.

프라다 코리아는 지난해 당기순이익의 77.2%에 달하는 150억 1,500만원을 배당을 통해 네덜란드에 위치한 모회사로 송금했다. 반면 국내에서의 봉사 기부 등 공헌활동은 전혀 하지 않았다. 지난 2001년에 50만원의 기부금을 냈던 프라다 코리아는 2006년 이후 지난해까지 5년 연속 기부금 실적이 0원이다.

배당성향은 당기순이익에서 현금 배당액이 차지하는 비율을 가리키는 것으로, 배당성향이 높을수록 주주 몫으로 돌아가는 배당 규모가 크다. 배당성향을 높이면 회사가 벌어들인 이익을 주주에게 많이 돌려줄 수 있다. 하지만 회사 재무구조나 성장에는 부정적인 영향을 미칠 수 있다는 것이 업계의 분석이다.

프라다 코리아는 지난해 배당의 기준이 되는 2009년도 당기순이익이 194억4,400만원이다. 임직원 급여, 퇴직금, 매장 수수료, 법인세 등을 제외한 이익 대부분을 배당으로 돌려 해외로 보낸 셈이다.

업계 관계자는 "외환은행 대주주 론스타의 배당성향이 68.51%로 알려지며 '먹튀' 논란과 함께 사회 문제로 대두됐다. 프라다 코리아는 그보다 높은 77.2%로 더욱 심각한 상황이다"고 설명했다.

프라다 코리아는 네덜란드 법인인 프라다 파 이스트 비브이(Prada Far East B.V.)가 지분의 100%를 보유하고 있다. 프라다는 한-유럽연합(EU) 자유무역협정이 발효되던 지난 1일 456개 품목 가격을 인상해 빈축을 사기도 했다.

_ 서울경제신문, 2011.07.25

2-4. 다음의 사례연구를 읽고 느낀 점을 발표하자

국제기업 네슬레와 아옌데대통령

식량을 무기로 활용하는 건 정말 끔찍한 방법이예요. 어떤 나라를 막론하고 그런 방법을 사용하는 걸 막아야 해요!

그래. 하지만 국가들에 대해 금지시키는 것만으로는 충분하지 않단다. 국가들뿐 아니라, 다국적기업들도 그런 무기를 사용하고 있거든.

정말요? 어떤 기업이 그런가요?

세계 제2위의 식품회사인 스위스의 네슬레와 관련한 유명한 이야기 한 가지만 들려주마. 1970년 1월 1일, 칠레의 좌파정당과 노동조합이 연대한 '인민전선'이라는 동맹이 101가지 행동강령을 발표했어. 그 중 제 1항은 대통령 선거에서 자신들의 후보가 승리할 경우, 15세 이하의 모든 어린이들에게 하루 0.5리터의 분유를 무상으로 배급하겠다는 것이었지. 당시 칠레가 시급히 해결해야 할 과제 중의 하나가 많은 아이들의 영양실조였거든. 1970년 9월 드디어 대통령 선거가 실시되었고, 인민전선의 후보인 살바도르 아옌데가 36.5퍼센트의 득표율로 당선되었어. 그리고 11월에 국회에서 대통령으로 지명되었지.

아옌데가 누군데요?

아옌데는 소아과 의사 출신의 정치인이라서 유아기의 비타민 및 단백질 부족, 소년소녀들의 건강문제를 잘 이해하고 있었어. 그래서 그가 가장 우선적으로 내건 공약이 분유의 무상배급이었던 거야. 그런데 당시에는 분유와 유아식을 판매하여 엄청난 수익을 올리고 있던 다국적기업 네슬레가 이 지역의 분유시장을 독점하고 있었어. 네슬레는 우유공장을 경영하며 목축업자들과 독점계약을 맺고 판매망도 장악하고 있었단다. 때문에 아이들에게 분유를 무상으로 배급하기 위해서는 네슬레와의 원활한 관계가 필요했지. 하지만 아옌데는 결코 네슬레에 분유를 공짜로 달라고 하지 않았어. 제값을 주고 사려 했지.

그래서 어떻게 되었나요?

1971년 스위스 베베이의 네슬레 본사는 칠레 민주정부와의 협력을 모두 거부했단다.

왜요?

당시 미국의 닉슨 대통령과 그 보좌관 헨리 키신저가 아옌데 정권의 사회주의적 개혁 정책을 꺼리고 있었기 때문이야. 또 외국에 대한 의존에서 벗어나 칠레의 자립성을 높이고 국내적으로 사회정의를 실현하려는 아옌데 정권의 개혁 정책이 제대로 추진되면, 미국의 국제기업이 그때까지 누려온 많은 특권들이 침해받을 수도 있었기 때문이란다. 키신저는 여러 가지 방법을 동원해서 칠레에 대한 지원을 끊어버리고, 운수업계의 파업을 뒤에서 조종하고, 광산이나 공장의 태업을 부채질했어. 서구의 많은 다국적 은행이나 기업, 상사들처럼 네슬레 역시 아옌데 정권의 개혁 정책을 강하게 반대했던 것이란다.

그래서 어떻게 되었나요?

영양실조에 시달리는 아이들에게 매일 0.5리터의 분유를 배급하겠다는 아옌데의 공약은 수포로 돌아갔어. 아옌데가 추진한 개혁 정책의 대부분은 엄청난 재정적 어려움에 봉착했지 1973년 9월 11일, 미국의 중앙정보국(CIA)은 아우구스토 피노체트 장군의 군부쿠데타를 도왔어. 아옌데와 그의 동지들은 대통령궁인 모네다궁에서 무력으로 저항했지. 오전 11시, 아옌데 대통령은 라디오를 통해 대국민 연설을 마지막으로 했고, 오후 2시 30분에 살해되었단다. 피노체트의 무차별 탄압으로 많은 대학생, 기독교 성직자, 노동조합 간부, 지식인, 예술가 그리고 일반 노동자들이 목숨을 잃었어. 그리고 아옌데정권이 들어서기 전처럼 수만 명의 아이들이 다시 영양실조와 배고픔에 시달리게 되었지.

_ 〈왜 세계의 절반은 굶주리는가?〉(2007, 장지글러 지음) 중에서 발췌

3.

2011 한·중·일·미
세계 500대(G500) 및 국내 1위
글로벌기업

파이낸셜타임즈Financial Times의 글로벌 500을 기준으로 다국적기업들을 살펴보면 엑슨모빌Exxon Mobile이 세계최대기업이며 그 뒤로 중국의 석유회사PetroChina가 따른다. 세계 500대 기업의 시장가치는 2010년 23조5,000억불에서 12% 증가한 26조2,000억불이다.

500번째 회사의 시장가치는 작년 160억불에서 올해에는 190억불인 카타르국립은행Qatar National Bank이 차지하였다. 그리고 은행과 석유회사들의 가치가 가장 높았는데 각각 4억4,360만불과 3억8,360만불이다. 수직적 해외투자의 상징인 탄광채광권은 작년 9위에서 5위로 오르면서 시장가치는 전체의 4.1% 인 1조670억불이다.

파이낸셜타임즈의 글로벌 500[9]은 시장가치, 즉 발행주식 수와 주식

---

9) 책 뒤 부록에는 2011년 3월 31일 기준 글로벌 500대 기업들의 소속국가, 시장가치와 기업명, 산업, 매출액 등등이 제시되어 있다.

가격을 곱하여 산출된 값(올해의 경우 2011년 3월 31일 종가기준)에 당일 기준환율을 곱하여 크기순을 정하는데 시장에서 자유롭게 매매되고 있는 주식들을 기준으로 한다.

포춘Fortune 글로벌 500은 매출액을 기준으로 순위를 산정하므로 2011년 발표의 경우 실제로 그 전해의 영업실적 기준이므로 변동이 없는 장점이 있다. 하지만 은행이나 투자회사 등은 정확한 매출액을 산정하기 어려운 단점도 있다. 이에 비해 시장가치의 경우에는 측정일의 기준이므로 최신의 기업가치를 나타낼 수 있는 장점이 있으나 그 값이 실시간으로 항상 변동하는 단점이 있다.

다음은 매출액을 기준으로 평가하는 포춘지의 글로벌 500순위를 요약하고, 한국 등 4개 국가별로 정리하였다.

먼저 〈표 3-1〉에서는 세계 10대 다국적기업들이다. 미국의 소매유통망인 월마트가 작년에 이어 1위를 기록하고, 정유회사인 엑슨모빌과 쉐브론이 포함되었다. 전체로는 6개의 정유회사가 10대 다국적기업에 포함되었다. 중국의 약진이 두드러져 3개사, 일본이 뒤이어 2개사 순위에 포함되었다.

〈표 3-2〉에서는 500대 글로벌기업의 국가별 기업수를 나타내었다.
미국이 133개로 전체의 27%, 그 다음으로 일본과 중국이 10%대, 그 하위 그룹으로 프랑스 독일 영국이 6% 이상, 끝으로 스위스 한국 네덜란드 캐나다가 2%대로 순위가 정해졌다.

〈표 3-1〉 세계 10대 다국적기업

순위	기업명 Company	국가 Country	산업 Field
1	Wal-Mart Stores	United States	Retail
2	Royal Dutch Shell	Netherlands †	Petroleum
3	Exxon Mobil	United States	Petroleum
4	BP	United Kingdom	Petroleum
5	Sinopec	China	Petroleum
6	China National Petroleum	China	Petroleum
7	State Grid	China	Power
8	Toyota Motor	Japan	Automobiles
9	Japan Post Holdings	Japan	Diversified
10	Chevron	United States	Petroleum

Retail 소매, Petroleum 석유, Power 전기, Automobiles 자동차, Diversified 복합

〈표 3-2〉 상위 국가별 다국적기업 수

순위 Rank	국가 Country	다국적기업 수 Companies
1	United States	133
2	Japan	68
3	China	61
4	France	35
5	Germany	34
6	United Kingdom	30
7	Switzerland	15
8	South Korea	14
9	Netherlands	12
10	Canada	11

1) 한국의 다국적기업

〈표 3-3〉은 글로벌 500에 포함된 14개 한국기업들이다. 글로벌 22위이자 한국최대기업인 삼성전자는 매출액이 약 1,338억이며 2위인 현대자동차부터 점진적으로 낮아짐을 나타내고 있다.

〈표 3-3〉 한국의 다국적기업

순위	기업명 Company	G500 순위	소재지 City	매출액* Revenues
1	Samsung Electronics	22	Seoul	133,781
2	Hyundai Motor	55	Seoul	97,408
3	SK Holdings	82	Seoul	78,435
4	POSCO	161	Seoul	52,462
5	LG Electronics	171	Seoul	48,236
6	Hyundai Heavy Industries	220	Ulsan	38,996
7	GS Holdings	238	Seoul	36,570
8	Korea Electric Power	271	Seoul	34,110
9	Hanwha	321	Seoul	30,041
10	Samsung Life Insurance	333	Seoul	28,773
11	LG Display	440	Seoul	22,072
12	Doosan	489	Seoul	19,937
13	Samsung C&T	492	Seoul	19,765
14	Korea Gas	498	Seongnam	19,563

* 매출액은 백만불 $millions

● 한국 최대기업 Samsung Electronics

삼성은 태블릿tablet PC 시장을 장악하기 위해 점차 치열한 경쟁을 하고 있는 기업이다. 애플이 아이폰iPhone과 아이패드iPad 부품을 무단복제하였다는 혐의로 삼성을 고소한 이후, 지난 4월부터 삼성과 애플은 상호 여러 건의 고소로 분쟁 중이다. 휴대폰은 삼성에게 매우 중요한 시장인데, 2010년에는 2009년에 비해 23% 증가한 2억 8천만대를 팔았다. 그리고 휴대폰 분야는 2011년 상반기에 순익을 낸 몇 개 중의 하나이다. 그리고 일본지진의 여파로 발생하는 부품가격의 불확실성과 판매감소에 민감하게 대처 중이다.

PHOTO: PARK JI-HWAN/AFP/GETTY IMAGES

- 세계 순위Global Rank: 22위(지난해 순위Previous Rank: 32위)
- 최고경영자CEO: Geesung Choi(최지성)
- 근로자 수Employees: 190,500명
- 주소Address: 1320-10 Seocho 2-dong, Seoul 137-857 South Korea
- Website: www.samsung.com

〈재무지표〉

- 매출액Revenues: $1,337억 8,050만(2009년 대비 22.8% 상승)
- 이익Profits: $136억 6,870만(2009년 대비 80.8 % 상승)
- 자산Assets: $118,3억 4,740만
- 자본Stockholders' equity: $754억 2,920만
- 이익지수Profits as % of: 매출액Revenues의 10%, 자산Assets의 11.5%

2) 중국의 다국적기업

중국은 2010년 경영성과를 기준으로 61개사가 글로벌 500에 포함되어 있다. 그리고 상위권 대부분의 기업들이 국영기업인 특징이 있다.

〈표 3-4〉 중국의 다국적기업

순위	기업명 Company	G500 순위	소재지 City	매출액* Revenues
1	Sinopec Group	5	Beijing	273,422
2	China National Petroleum	6	Beijing	240,192
3	State Grid	7	Beijing	226,294
4	Industrial & Commercial Bank of China	77	Beijing	80,501
5	China Mobile Communications	87	Beijing	76,673
6	China Railway Group	95	Beijing	69,973
7	China Railway Construction	105	Beijing	67,414
8	China Construction Bank	108	Beijing	67,081
9	China Life Insurance	113	Beijing	64,635
10	Agricultural Bank of China	127	Beijing	60,536
11	Bank of China	132	Beijing	59,212
12	Noble Group	139	Hong Kong	56,696
13	Dongfeng Motor	145	Wuhan	55,748
14	China State Construction Engineering	147	Beijing	54,721
15	China Southern Power Grid	149	Guangzhou	54,449
16	Shanghai Automotive	151	Shanghai	54,257
17	China National Offshore Oil	162	Beijing	52,408
18	Sinochem Group	168	Beijing	49,537
19	China FAW Group	197	Changchun	43,434
20	China Communications Construction	211	Beijing	40,414
21	Baosteel Group	212	Shanghai	40,327
22	CITIC Group	221	Beijing	38,985
23	China Telecommunications	222	Beijing	38,469
24	China South Industries Group	227	Beijing	37,996
25	China Minmetals	229	Beijing	37,555
26	China North Industries Group	250	Beijing	35,629
27	China Huaneng Group	276	Beijing	33,681
28	HeBei Iron & Steel Group	279	Shijiazhuang	33,549
29	People's Insurance Co. of China	289	Beijing	32,579
30	Shenhua Group 293 Beijing	293	Beijing	32,446
31	China Metallurgical Group	297	Beijing	32,076

순위	기업명 Company	G500 순위	소재지 City	매출액* Revenues
32	Aviation Industry Corp. of China	311	Beijing	31,006
33	Jardine Matheson 320 Hong Kong	320	Hong Kong	30,053
34	Shougang Group	326	Beijing	29,181
35	Ping An Insurance	328	Shenzhen	28,927
36	Aluminum Corp. of China	331	Beijing	28,871
37	Wuhan Iron & Steel	341	Wuhan	28,170
38	China Post Group	343	Beijing	28,094
39	China Resources	346	Hong Kong	27,820
40	Huawei Technologies	352	Shenzhen	27,356
41	Sinosteel 354 Beijing	354	Beijing	27,266
42	Hutchison Whampoa	362	Hong Kong	26,926
43	COFCO	366	Beijing	26,469
44	Jiangsu Shagang Group	367	Zhangjiagang	26,388
45	China United Network Communications	371	Shanghai	26,025
46	China Datang	375	Beijing	25,915
47	Bank of Communications	398	Shanghai	24,264
48	China Ocean Shipping	399	Beijing	24,250
49	China Guodian	405	Beijing	24,016
50	China Electronics	408	Beijing	23,761
51	China Railway Materials Commercial	430	Beijing	22,631
52	China National Aviation Fuel Group	431	Beijing	22,630
53	Sinomach 435 Beijing	435	Beijing	22,487
54	Henan Coal & Chemical	446	Zhengzhou	21,715
55	Lenovo Group	450	Beijing	21,594
56	Jizhong Energy Group	458	Xingtai	21,255
57	China Shipbuilding Industry	463	Beijing	21,055
58	China Pacific Insurance(Group)	467	Shanghai	20,878
59	ChemChina	475	Beijing	20,715
60	Zhejiang Materials Industry Group	484	Hangzhou	20,001
61	China National Building Material Group	485	Beijing	19,996

* 매출액은 백만불 $millions

● 중국 최대기업 Sinopec Group

• 세계 순위Global Rank: 5위(지난해 순위Previous Rank: 7위)
• 최고경영자CEO: Fu Chengyu
• 근로자 수Employees: 640,535명
• 주소Address: 22 Chaoyangmen N. St. Beijing 100728 China
• Website: www.sinopec.com

지속적으로 성장하는 중국 최대 석유생산 및 정제회사이다. 중국석화 Sinopec는 점점 다른 주요 석유가스 다국적기업들과의 차이가 줄어들고 있다. 중국석화의 다국적 경쟁상황과 달리 중국정부의 국내석유가격 상승 억제정책 때문에 원유가 변동에 따른 이익확보가 취약하다.

하지만 이러한 장애에도 불구하고 중국석화는 국내외 다국적기업들과의 파트너십을 형성하여 급성장하고 있다. 2010년에는 캐나다 석유사막 개발Canadian oil sands development, 브라질 역외오일프로젝트offshore oil projects in Brazil, 카자흐스탄 폴리프로필렌 신공장건설new polypropylene plant in Kazakhstan 등 9개의 해외프로젝트에 동참하였다.

〈재무지표〉
• 매출액Revenues: $2,734억 2,1900만(2009년 대비 45.8% 상승)
• 이익Profits: $76억 2,870만(2009년 대비 32.5% 상승)
• 자산Assets: $2,253억 8,8200만

- 자본Stockholders' equity: $765억 3,920만
- 이익지수Profits as % of: 매출액Revenues의 3%, 자산Assets의 3.4%

3) 일본의 다국적기업

과거 금융회사들이 상위권에 포진한 것에 비해 도요타 혼다 닛산 등 3대 자동차 회사를 비롯하여 전통산업인 전기전자회사들이 일본의 다국적기업 상위에 포함되어 있다.

일본의 최대기업인 도요타자동차의 매출액은 약 2,218억달러로 전세계 8위이고, 국내 2위인 일본우정주식회사日本郵政株式會社, Nippon Yū-sei Kabushiki-gaisha를 제외하면 나머지는 30위권 밖으로 밀려나 있다. 특히 시장가치 기준인 파이낸셜 타임지 발표에 의하면 도요타자동차가 세계 35위이고 나머지는 85위권 밖이다.

〈표 3-5〉 일본의 다국적기업

순위	기업명 Company	G500 순위	소재지 City	매출액* Revenues
1	Toyota Motor	8	Tokyo	221,760
2	Japan Post Holdings	9	Tokyo	203,958
3	Nippon Telegraph & Telephone	31	Tokyo	120,316
4	Hitachi	40	Tokyo	108,766
5	Honda Motor	45	Tokyo	104,342
6	Nissan Motor	48	Yokohama	102,430
7	Panasonic	50	Osaka	101,491
8	JX Holdings	58	Tokyo	95,964
9	Sony	73	Tokyo	83,845
10	Nippon Life Insurance	81	Osaka	78,571
11	Toshiba	89	Tokyo	74,706
12	Tokyo Electric Power	118	Tokyo	62,680
13	Mitsubishi	125	Tokyo	60,793
14	Seven & I Holdings	131	Tokyo	59,252
15	AEON	133	Chiba	58,983
16	Meiji Yasuda Life Insurance	141	Tokyo	56,309
17	Mitsui	148	Tokyo	54,635

순위	기업명 Company	G500 순위	소재지 City	매출액* Revenues
18	Dai-ichi Life Insurance	153	Tokyo	53,375
19	Mitsubishi UFJ Financial Group	157	Tokyo	52,877
20	Fujitsu	158	Tokyo	52,871
21	Nippon Steel	173	Tokyo	47,984
22	Sumitomo Mitsui Financial Group	189	Tokyo	44,902
23	Marubeni	199	Tokyo	43,011
24	Sumitomo Life Insurance	200	Osaka	42,832
25	Itochu	201	Osaka	42,612
26	Mitsubishi Electric	203	Tokyo	42,561
27	Canon	204	Tokyo	42,246
28	KDDI	214	Tokyo	40,100
29	MS&AD Insurance Group Holding	216	Tokyo	39,754
30	Tokio Marine Holdings	224	Tokyo	38,396
31	JFE Holdings	231	Tokyo	37,310
32	Idemitsu Kosan	233	Tokyo	37,196
33	Mitsubishi Chemical Holdings	234	Tokyo	36,974
34	Denso	239	Kariya	36,561
35	NEC	241	Tokyo	36,374
36	Sumitomo	244	Tokyo	36,218
37	Sharp	253	Osaka	35,283
38	Softbank	257	Tokyo	35,081
39	Mitsubishi Heavy Industries	273	Tokyo	33,903
40	Bridgestone	287	Tokyo	32,613
41	Kansai Electric Power	295	Osaka	32,339
42	Mizuho Financial Group	303	Tokyo	31,720
43	Medipal Holdings	309	Tokyo	31,090
44	NKSJ Holdings	314	Tokyo	30,609
45	Suzuki Motor	316	Hamamatsu	30,452
46	East Japan Railway	323	Tokyo	29,625
47	Chubu Electric Power	355	Nagoya	27,214
48	Mazda Motor	357	Hiroshima	27,154
49	Cosmo Oil	258	Tokyo	27,106
50	Aisin Seiki	268	Kariya	26,357
51	Fujifilm Holdings	377	Tokyo	25,886
52	Alfresa Holdings	381	Tokyo	25,492
53	Yamada Denki	388	Takasaki	25,140
54	Maruhan	407	Kyoto	23,806
55	Sumitomo Electric Industries	409	Osaka	23,746
56	T&D Holdings	416	Tokyo	23,270
57	Sumitomo Chemical	419	Tokyo	23,146

순위	기업명 Company	G500 순위	소재지 City	매출액* Revenues
58	Japan Tobacco	426	Tokyo	22,844
59	Ricoh	429	Tokyo	22,674
60	Nippon Yusen Kabushiki Kaisha	434	Tokyo	22,524
61	Kobe Steel	447	Kobe	21,700
62	Komatsu	453	Tokyo	21,519
63	Mitsubishi Motors	457	Tokyo	21,349
64	Kirin Holdings	466	Tokyo	20,916
65	Suzuken	478	Nagoya	20,455
66	Tohoku Electric Power	488	Sendai	19,950
67	Daiwa House Industry	495	Osaka	19,733
68	Showa Shell Sekiyu	499	Tokyo	19,558

* 매출액은 백만불 $millions

● 일본최대기업 Toyota Motor

- 세계 순위Global Rank: 8위(지난해 순위Previous Rank: 5위)
- 최고경영자CEO: Akio Toyoda
- 근로자 수Employees: 317,716명
- 주소Address: 1 Toyota-cho, Toyota 471-8571 Japan
- Website: www.toyota-global.com

도요타는 최근 2년동안 기록적인 리콜을 실시하여 큰 위기에 있다. 그
리고 지난 3월 일본에서 발생한 지진과 쓰나미의 여파로 크게 파손된 공

장설비 때문에 줄어든 생산량 극복에 노력하고 있다.

2010년 북미와 유럽, 일본에서의 매출은 줄었지만 아시아 중남미, 아프리카 등 개발도상국에서의 판매는 늘고 있다. 2010년 이들 국가에서의 판매량은 2009년에 비해 71,000대 증가한 700만대로 회사를 꾸려나가는데 있어서 전혀 문제가 없다.

〈재무지표〉
- 매출액Revenues: $2,217억 6,020만(2009년 대비 8.6% 상승)
- 이익Profits: $47억 6,570만(2009년 대비 111.3% 상승)
- 자산Assets: $3,598억 6,210만
- 자본Stockholders' equity: $1,246억 9,680만
- 이익지수Profits as % of: 매출액Revenues의 2%, 자산Assets의 1.3%

4) 미국의 다국적기업

미국의 1위인 월마트는 중국과 일본의 최대기업 매출액의 2배에 육박한다. 그 다음으로 정유회사들과 자동차회사들이다. 파이낸셜 타임지 기준으로 살펴보면 엑슨Exxon과 쉐브론Chevron 등 정유회사와 애플Apple과 마이크로소프트Microsoft 등 컴퓨터 회사들이 상위권이고, 월마트Wal-Mart Stores는 작년 7위에서 밀려난 글로벌 19위이다. 미국은 월마트 이외에도 코스트코Costco Wholesale, 홈데포Home Depot, 타켓Target 등 대형 소매 유통업체들이 상위권에 있다.

〈표 3-6〉 미국의 다국적기업

순위	기업명 Company	G500 순위	소재지 City	매출액* Revenues
1	Wal-Mart Stores	1	Bentonville	421,849
2	Exxon Mobil	3	Irving	354,674
3	Chevron	10	San Ramon	196,337
4	ConocoPhillips	12	Houston	184,966

순위	기업명 Company	G500 순위	소재지 City	매출액* Revenues
5	Fannie Mae	15	Washington	153,825
6	General Electric	19	Fairfield	151,628
7	Berkshire Hathaway	20	Omaha	136,185
8	General Motors	21	Detroit	135,592
9	Bank of America Corp.	25	Charlotte	134,194
10	Ford Motor	28	Dearborn	128,954
11	Hewlett-Packard	29	Palo Alto	126,033
12	AT&T	30	Dallas	124,629
13	J.P. Morgan Chase & Co.	36	New York	115,475
14	McKesson	37	San Francisco	112,084
15	Citigroup	39	New York	111,055
16	Verizon Communications	41	New York	106,565
17	American International Group	44	New York	104,417
18	International Business Machines	52	Armonk	99,870
19	Cardinal Health	53	Dublin	98,602
20	Freddie Mac	54	McLean	98,368
21	CVS Caremark	57	Woonsocket	96,413
22	UnitedHealth Group	62	Minnetonka	94,155
23	Wells Fargo	63	San Francisco	93,249
24	Valero Energy	70	San Antonio	86,034
25	Kroger	76	Cincinnati	82,189
26	Procter & Gamble	80	Cincinnati	79,689
27	AmerisourceBergen	84	Chesterbrook	77,954
28	Costco Wholesale	85	Issaquah	77,946
29	Marathon Oil	99	Houston	68,413
30	Home Depot	101	Atlanta	67,997
31	Pfizer	103	New York	67,809
32	Walgreen	104	Deerfield	67,420
33	Target	106	Minneapolis	67,390
34	U.S. Postal Service	109	Washington	67,052
35	Medco Health Solutions	110	Franklin Lakes	65,968
36	Apple	111	Cupertino	65,225
37	Boeing	114	Chicago	64,306
38	State Farm Insurance Cos.	116	Bloomington	63,177
39	Microsoft	120	Redmond	62,484
40	Archer Daniels Midland	122	Decatur	61,682
41	Johnson & Johnson	123	New Brunswick	61,587
42	Dell	124	Round Rock	61,494
43	WellPoint	135	Indianapolis	58,802
44	PepsiCo	137	Purchase	57,838

순위	기업명 Company	G500 순위	소재지 City	매출액* Revenues
45	United Technologies	150	Hartford	54,326
46	Dow Chemical	152	Midland	53,674
47	MetLife	160	New York	52,717
48	Best Buy	165	Richfield	50.272
49	United Parcel Service	166	Atlanta	49,545
50	Kraft Foods	167	Northfield	49,542
51	Lowe's	169	Mooresville	48,815
52	INTL FCStone	176	New York	46,940
53	Lockheed Martin	177	Bethesda	46,890
54	Merck	180	Whitehouse Stn	45,987
55	Goldman Sachs Group	181	New York	45,967
56	Bunge	182	White Plains	45,707
57	Express Scripts	188	St. Louis	44,990
58	Intel	195	Santa Clara	43,623
59	Sears Holdings	198	Hoffman Estates	43,326
60	Caterpillar	202	Peoria	43,588
61	Chrysler Group	205	Auburn Hills	41,946
62	Safeway	208	Pleasanton	41,050
63	Cisco Systems	215	San Jose	40,040
64	Morgan Stanley	218	New York	39,320
65	Prudential Financial	223	Newark	38,414
66	Walt Disney	226	Burbank	38,063
67	Comcast	228	Philadelphia	37,937
68	Supervalu	230	Eden Prairie	37,534
69	Sysco	232	Houston	37,244
70	Sunoco	252	Philadelphia	35,453
71	Abbott Laboratories	255	Abbott Park	35,167
72	Coca-Cola	256	Atlanta	35,119
73	New York Life Insurance	258	New York	34,947
74	Northrop Grumman	260	Los Angeles	34,757
75	FedEx	261	Memphis	34,734
76	Hess	263	New York	34,613
77	Ingram Micro	264	Santa Ana	34,589
78	Johnson Controls	267	Milwaukee	34,305
79	Aetna	269	Hartford	34,246
80	Amazon.com	270	Seattle	34,204
81	Humana	274	Louisville	33,868
82	Enterprise Products Partners	275	Houston	33,739
83	Honeywell International	280	Morris Township	33,370
84	Liberty Mutual Insurance Group	282	Boston	33,194

순위	기업명 Company	G500 순위	소재지 City	매출액* Revenues
85	News Corp.	284	New York	32,778
86	DuPont	285	Wilmington	32,733
87	Sprint Nextel	290	Overland Park	32,563
88	General Dynamics	291	Falls Church	32,466
89	TIAA-CREF	296	New York	32,225
90	Delta Air Lines	302	Atlanta	31,755
91	Allstate	305	Northbrook	31,400
92	HCA Holdings	313	Nashville	30,683
93	American Express	319	New York	30,242
94	Google	325	Mountain View	29,321
95	Tyson Foods	337	Springdale	28,430
96	Schlumberger	351	Houston	27,447
97	Philip Morris International	356	New York	27,208
98	Time Warner	363	New York	26,888
99	Oracle	364	Redwood City	26,820
100	3M	365	St. Paul	26,662
101	Deere	372	Moline	26,005
102	Plains All American Pipeline	376	Houston	25,893
103	Massachusetts Mutual Life Insurance	379	Springfield	25,647
104	Publix Super Markets	383	Lakeland	25,328
105	CHS	384	InverGroveHeights	25,268
106	Rite Aid	385	Camp Hill	25,215
107	Raytheon	386	Waltham	25,183
108	International Paper	387	Memphis	25,179
109	Travelers Cos.	389	New York	25,112
110	Macy's	390	Cincinnati	25,003
111	Staples	392	Framingham	24,545
112	Tech Data	396	Clearwater	24,376
113	DirecTV	402	Segundo	24,102
114	McDonald's	403	Oak Brook	24,075
115	Northwestern Mutual	414	Milwaukee	23,384
116	Murphy Oil	415	El Dorado	23,345
117	United Continental Holdings	417	Chicago	23,229
118	Eli Lilly	423	Indianapolis	23,076
119	Motorola Solutions	427	Schaumburg	22,823
120	Hartford Financial Services	436	Hartford	22,383
121	AMR	438	Fort Worth	22,170
122	TJX	442	Framingham	21,942
123	Emerson Electric	443	St. Louis	21,866
124	Xerox	449	Norwalk	21,633

순위	기업명 Company	G500 순위	소재지 City	매출액* Revenues
125	Cigna	459	Philadelphia	21,253
126	Alcoa	465	New York	21,013
127	Fluor	468	Irving	20,849
128	Aflac	473	Columbus	20,732
129	U.S. Bancorp	477	Minneapolis	20,518
130	Nationwide	481	Columbus	20,265
131	Tesoro	482	San Antonio	20,253
132	Occidental Petroleum	491	Los Angeles	19,857
133	Kimberly-Clark	494	Irving	19,746

* 매출액은 백만불 $millions

● 미국최대기업 Wal-Mart Stores

COURTESY: WALMART

• 세계 순위Global Rank: 1위(지난해 순위Previous Rank: 1위)

• 최고경영자CEO: Michael T. Duke

• 근로자 수Employees: 2,100,000명

• 주소Address: 702 S.W. Eighth St. Bentonville, Arkansas 72716 USA

• Website: www.walmartstores.com

월마트는 2년 연속 포츈지 500 중에서 최고의 자리를 지켰다. 이렇게 큰 기업은 뉴스거리가 끊이지 않듯이 좋은 소식과 나쁜 소식이 공존한다.

예를 들면 지구환경보전의 선두기업으로 올해도 연속적으로 사회의 신뢰를 받았다. 이 회사는 2009년에 환경보존목록을 만들어 제품의 산지와 이에 관련된 정보를 고객에게 투명하게 전달하려고 노력하였다.

또한 올해에는 전, 현직 여성 근로자와 150만 불짜리 성차별사건이 발생하였다. 대법원이 원심을 파기하여 회송하였지만 아직도 여러 불씨가 남아있어서 극복하는데 수개월이나 수년이 걸릴 것으로 보인다.

그리고 월마트가 세계 최대회사임에는 의심이 없지만 국내에서의 매출은 8분기 연속하락 중이다.

〈재무지표〉

• 매출액Revenues: $4,218억 4,900만(2009년 대비 3.3% 상승)

• 이익Profits: $163억 8,900만(2009년 대비 14.3% 상승)

• 자산Assets: $1,806억 6,300만

• 자본Stockholders' equity: $685억 4,200만

• 이익지수Profits as % of: 매출액Revenues의 4%, 자산Assets의 9.1%

탐구과제

3-1. 관심있는 다국적기업을 찾아 경영특성과 재무제표를 발표해 보자.

3-2. 부록에 있는 글로벌 500 기업의 재무자료를 입력하여 여러 가지 기준에서 통계분석을 하여 보자.

기업의 글로벌 경쟁력 이론 I

마이클 포트의
'다섯 가지 힘 모형Michael Porter's Five Forces Model'
포트의 산업경쟁력이론

포트의 산업 경쟁력 이론을 설명하기 전에 먼저 산업을 정의하고 의문을 가져보자. 산업은 여러 자동차 회사들이나 병원들처럼 대체할 수 있는 상품을 공통적으로 생산하는 기업들의 집합체이다. 그런데 한 산업 내에서 어떤 기업은 다른 기업들보다 매출액이 더 크거나 수익을 더 많이 낸다면 그 이유는 무엇일까?

이 의문에 대한 답을 구하기 위해서는 먼저 산업 내에서의 경쟁구조와 그 역학성을 이해하여야 한다. 이 경쟁구조를 이해하는데 가장 도움이 되는 이론이 마이클 포트의 '다섯 가지 힘 모형Michael Porter's Five Forces Model' 10) 이다.

포트는 이들 다섯 가지 경쟁력이 어떤 산업 내에서 유리한 지위를 가지거나 장기적으로 이익을 창출할 수 있다고 설명한다. 포터이론에서 제

---

10) Michael E. Porter, Competitive Strategy, New York, The Free Press, 1980.

시하는 모형과 다섯 가지 영향력은 다음 〈표 4-1〉과 같다.

〈표 4-1〉 마이클 포트의
'다섯 가지 힘 모형Michael Porter's Five Forces Model'

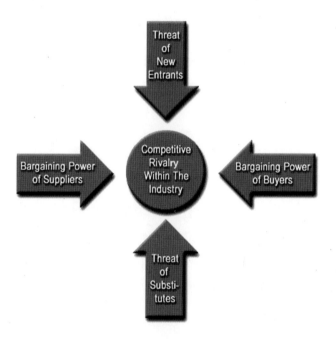

1) 산업내로의 신규 진입자 위협 Threat of New Entrants

2) 대체상품이나 서비스 위협 The threat of substitutes

3) 구매자들의 교섭권 The bargaining power of buyers

4) 공급자들의 교섭권 The bargaining power of suppliers

5) 기존 기업들간의 경쟁정도 Intensity of Rivalry

1) 신규 진입자 위협 Threat of New Entrants

한 산업에로의 새로운 진입자는 경쟁수위를 높이는 역할을 하게 된다. 신규진입자 위협은 일반적으로 특정산업의 진입장벽의 특성에 따라 달라진다. 항공산업 등 고기술에 의한 고부가가치산업에로의 신규진입은 외식업이나 일반 제조업 등 노동력을 기반으로 생산하는 노동집약적 산업보다 어려울 수밖에 없다.

기존시장 참여자의 시각으로 볼 때 신규진입자가 동반하는 위협은 최신 생산설비와 생산능력 그리고 생산량, 시장지분율 및 시장 포지션에 대한 욕구, 또한 변동적인 소비자 욕구를 효율적 만족시키는 새로운 마케팅 접근방법 등을 들 수 있다. 특히 고부가산업에로의 신규진출자는 종종 풍부한 자원을 동반하게 된다. 자본이 풍부한 신규진출자는 시장진입시 가격을 낮추려고 노력하고, 또한 이윤을 최소한으로 줄이려하는 경향이 있다. 이러한 이유로 경쟁구조에서는 새로운 시장 진입자가 가장 위협적인 존재이다.

신규진입자가 새로운 시장에 진입하기 위해서는 다음과 같은 장벽을 고려해야 한다. 그러나 때때로 이러한 장벽은 기업에 따라서는 신규진출을 촉진하는 요소가 되기도 한다.

규모의 경제 Economies of Scale

신규진입자에 의한 추가 생산량이 시장에 투입되어 공급의 증가가 가격저하로 이어지는 규모의 경제이다. 규모의 경제는 주로 제조량과 연관하여 설명하지만 이외에도 연구개발, 일반 행정, 마케팅 등 다른 경영기능과도 연관성이 높다. 가령 다양한 종류의 제품을 연구개발하는 부서에서도 규모의 경제는 발생한다.

자본규모 Capital / investment requirements

자본은 제조 뿐만 아니라 연구개발, 광고, 현지판매, 신용거래 그리고 재고량의 유지에도 필요한 기업의 근본자원이다. 거대한 자본규모가 필요한 제약회사나 컴퓨터 산업, 화학 산업 등은 기술뿐만 아니라 거대한 자본규모로 신규진출자에 대한 진입장벽을 가지고 있다.

제품차별화 Product Differentiation

기존시장제품의 독특성이나 기존 상품과 상표와의 친숙성에 따른 소비자들의 상표에 대한 친밀도, 소비자들의 입맛을 맞춘 제품속성도 극복하기 힘든 장벽요인이다. 하지만 신규진입자가 가지고 있는 핵심기술이나 뛰어난 상품은 기존시장에 큰 위협이 된다. 예를 들면 지금은 소비자들의 건강에 관한 관심도가 높아져 시장기회를 많이 잃은 제품이지만, 기존의 소비자 설탕시장에 뛰어든 미 다국적기업인 몽상또Monsanto의 화학 감미료 뉴트라스위트Nutrasweet을 들 수 있다.

전환비용 Customer switching costs

전환비용은 그 의미가 매우 넓다. 단순한 기존사업에서의 전환을 보면 공급자의 대체, 공장설비 등 장비의 전환, 마케팅 믹스의 전환이 요구된다. 하지만 경험이 없는 신규시장에 진출함에 따라 부수적으로 추가되는 실패의 위험도 그리고 원래사업으로의 복귀비용 등도 전환비용에 포함된다.

유통구조 Access to industry distribution channels

사업의 전환은 일반적으로 유통구조가 같은 동종산업 내에서 이루어지는 것이 보편적이지만 이종산업에 진출한 경우에는 새로운 유통구조를 마련하여야 한다. 즉 기존유통채널에서 추가적인 물량을 소화할 수 있는 여유가 없거나 혹은 해당유통구조가 없을 때에는 새로운 유통구조를 설정하는 데는 상당한 비용이 요구된다.

정부정책 Government Policy

정부의 지원을 받고 있는 보호산업일 경우에는 시장의 안정성을 해칠 염려가 있으므로 법적 규제가 있을 수 있다. 이러한 보호산업은 개별기업의 이익보다 국가 전체의 공적 이익을 목적으로 운영되므로 특히 해외 기업의 진입을 회피하는 경향이 있다.

기존기업의 입지 Position of Existing Firms

기존 기업이 누리거나 관리하고 있는 선점권이나 독점권, 기득권 등이 신규 진출자들에게는 진입초기 뿐만 아니라 진입 후 정상궤도에 이를 때까지 어려운 장벽이 된다. 예를 들면 원재료 확보방법이나 시장정보, 시장점유율, 기존 소비자들의 충성도 등이다. 지금은 기존시장을 위협하게 된 아시아나 항공을 예로 들어 보자. 아시아나의 신규 시장진입시 노선의 부족, 이로 인한 연계노선의 어려움뿐만 아니라 기존 마일리지mileage에 대한 탑승자들의 지속적 축적욕구 등이 성장에 장벽으로 작용하였다.

기존 경쟁자들의 반응
The likelihood of retaliation from existing industry players

기존 경쟁자들의 반응은 신규 진출기업에 대해 어떻게 대응할 것인가 하는 전략적 방안이다. 이러한 대처방안은 진입초기 뿐만 아니라 진입 후에도 경쟁자로서 지속적인 대응전략이 요구되는 부분이다. 기존시장의 확대를 위해 새로운 진입자를 선호하는 신규 산업도 있지만 대부분의 시장은 호의적이지 않다. 기존 기업들은 신규진입자에 대해 주로 가격, 제품, 광고, 유통방법 등 마케팅 믹스marketing mix를 이용하여 대응하는 방법과 혹은 기타 정보의 통제와 초기 진입자가 자주 가지게 되는 난제에 대해 비협조적인 대응을 들 수 있다. 예를 들면 식품산업이나 수송수단의 경우 비정상적 상황발생이나 비상상황 발생시의 정보제공 여부 등이다.

2) 대체상품이나 서비스의 위협 Threat of Substitutes

한 산업에서 생산하고 있는 상품과 유사한 대체상품의 존재는 생산가격에 대한 통제력이 낮아 그 산업의 지위와 수익을 저하시킨다. 대체상품이나 서비스의 위협은 보통 다음 요소에 의해 좌우된다.

- 구매자들의 대체품 구매의사 정도 Buyers' willingness to substitute
- 대체품의 가격이나 성능 수준 The relative price and performance of substitutes
- 대체상품으로의 전환비용 The costs of switching to substitutes

기존기업이 주력으로 생산하고 있는 제품이 다른 신제품에 의해 대체될 시장상황이고, 신제품을 개발하지 않았다면 이 기업이 정상적인 경영을 지속할 가능성은 낮아 보인다. 종종 기존의 상품을 대체하는 제품이나 서비스의 등장은 새로운 경쟁자의 진입보다 심각한 기업의 존폐를 결정하는 요소가 될 수 있다. 하지만 갑작스런 신제품의 등장을 제외하고 점진적인 변화는 대부분 쉽게 대처 가능한 위협이다. 예를 들어 컴퓨터의 자료를 저장하여 이동하는 디스켓diskette은 지금은 용어조차 듣기가 어려워졌지만, 1980년대 등장한 디스켓은 5 1/4에서 3 1/2 로 점진적인 이동을 하였다. 특히 5 1/4의 수명이 수년간 지속되어 국제제품수명주기를 거의 완벽하게 향유한 제품으로 볼 수 있다. 3 1/2 크기의 디스켓도 대용량 소형화의 USB로 서서히 이동하면서 기존의 디스켓 제조기업들이 USB 제조로 변신하면서 시장의 대체 위협을 여유롭게 대응하였다. 이에 비해 디지털 음원시장과 MP3의 갑작스런 등장은 전통적인 테이프와 CD player 시장이 대처할 여유가 없었다.

3) 구매자들의 교섭권 Bargaining Power of Buyers

구매자들은 한 산업에서 수요를 창출하는 사람들이나 단체조직을 말한다. 이들의 교섭권 즉, 협상권은 다음의 상황에서 더욱 커진다.

- 산업내에서 판매자가 다수이고 대량구매자가 소수일 때
- 상품이 표준화되어 있을 때
- 구매자들이 결성하여 산업으로 진출할 징후가 있을 때
- 공급자들이 결성하여 구매자 산업으로 진출할 징후가 없을 때
- 그 산업이 구매자들에게 핵심 산업이 아닐 때

시장에서 개별 구매자들은 제시된 가격에 따라 거래가 이루어지지만, 대량 구매자나 단체 구매자들은 제조기업의 가격결정에 대해 반발하거나 영향을 끼치는 능력이 있다. 이러한 구매자들의 힘을 구매자 교섭권이라 한다. 이들의 목적은 구매가격을 낮추는 일이다. 이러한 욕구를 충족하기 위해서는 제조기업은 이익률을 최소화하거나 손해를 감수하거나 다른 산업으로 전환하여야 한다. 이러한 위험이 구매자들의 교섭력에서 발생하는 위협이다.

구매자들이 교섭권으로 가격을 낮추는 방법은 매우 다양하다. 간단한 예를 들면 다음과 같다.

대량구매
교섭권은 대량구매의 힘에서 출발한다. 일반적인 경제적 수요는 가격을 상승하게 하고 공급자인 제조기업의 힘이 증가하나, 교섭권을 형성한 경영학적 수요는 이와 같이 정반대의 결과를 가져오게 된다.

대립
대량 구매자는 판매자들이 대립하는 상황을 만들어 원하는 거래조건을 창출한다. 입찰이나 경쟁가격 등으로부터 발생하는 이익분에 대한 감소나,

기타 서비스나 공급조건 등 가격 이외의 조건들도 위협적인 요인이 된다.

의지

기존기업이 특정시장의 구매자들에게 의지하는 경향이 높으면 일상 외 이익기회가 되는 대량구매에도 불구하고 실제 이익이나 이익률은 낮아질 수도 있다.

4) 공급자들의 교섭권 Bargaining Power of Suppliers

공급자들은 산업내로 재료나 부품, 상품 등을 공급하는 회사들이다.

산업내 기업들이 이들에게서 구매하는 부품 등의 가격은 기업이익에 큰 영향을 미친다. 만일 공급자들의 교섭력이 강하면 그 산업은 산업으로서의 가치가 떨어진다고 볼 수 있다. 공급자들의 교섭권은 앞에서 설명한 구매자들의 교섭권과 거래대상이 다를 뿐 그 내용과 위협은 매우 유사하다. 공급자들의 힘은 다음과 같은 상황에서 커진다.

- 산업내에서 구매자가 다수이고 대량공급자가 소수일 때
- 공급자들의 제품이 일관성있게 고급제품일 때
  (공급자의 제품이 제조과정에서 중요한 경우)
- 공급자의 수직적 통합이 쉬운 경우
- 공급자가 수직적 통합을 시도하는 경우
- 공급자들이 결성하여 산업으로 진출할 징후가 있을 때
  (유명상표제조업자들이 자사의 유통망을 설립하는 등)
- 수요자들이 결성하여 공급자 산업으로 진출할 징후가 없을 때
- 그 산업이 공급자들에게 핵심 산업이 아닐 때
- 석유 등 천연자원이나 희귀 자원 등 공급자가 상품을 독점하는 경우
- 공급자들이 속하는 산업으로의 전환 비용이 높거나
- 대체상품이 없거나 대체 상품이 비효율적일 경우

5) 기존 경쟁자 Intensity of Rivalry

기존 경쟁자들은 물리적으로나 정신적으로 가까운 곳에서 서로에 대한 정보수집 등으로 매우 투명하게 보이나 실제로는 예상하지 못한 다양한 모습으로 나타나는 특징이 있다. 기업은 지속적인 성장을 추구하므로 현재의 규모나 시장 점유율, 매출액 등에 안주하는 기업은 없다. 그러므로 기존 경쟁자 위협은 지속적으로 발생하는 위협이다. 구체적인 예를 보면 가격경쟁이나 광고전, 신제품개발이나 시장에서의 입지화positioning, 제품의 수정과 차별화 등 헤아릴 수 없는 형태와 방법으로 경쟁자들을 압박한다. 특히 가격인하경쟁은 이익분에도 영향을 미치지만 고정비용이 높은 기업에게는 상대적으로 불리한 위협이다.

산업내에서 기존 경쟁자들간의 경쟁 강도는 다음 상황에서 높아진다.

경쟁구조
예를 들면 산업내 기업들간의 회사규모가 작거나 서로 비슷할 때 경쟁 강도는 높아지고, 산업내 확고한 리더기업이 있으면 낮아진다.

산업비용구조
고정비용이 높은 산업에 속한 기업들은 가격인하를 위하여 사용하지 않는 설비도 활용하게 한다.

상품 차별화 정도
철강이나 석탄 등 일반상품은 경쟁정도가 높고 자사의 제품이 차별화 될수록 경쟁정도가 낮아진다.

전환비용
구매자들의 전환(대안선택)비용이 높을수록 경쟁정도는 낮아진다. 쉽게 예를 들면 구매자들이 다른 공급자들에게 새로이 상품을 받는 비용이 높아지는 경우이다.

전략목표

만약 경쟁자들이 기업규모성장을 목표로 한다면 경쟁은 심화될 수밖에 없다. 하지만 기업들이 성숙기 산업에서 이익을 짜내고 있다면 경쟁은 줄어든다.

출구장벽

공장을 폐쇄하는 등 기존산업에서 빠져나가는 비용이 높을 때 경쟁은 높아지는 경향이 있다.

탐구과제

4-1. 관심있는 다국적기업의 해외직접투자에서 다섯 가지 힘 경쟁력을 적용하여 보자.

4-2. 이러한 위협들에 대비하여 다국적기업들은 현지국투자에서 무엇을 준비해야 하는지 관심있는 산업을 한 개 골라 설명해 보자.

5.

기업의 글로벌 경쟁력 이론 II

포터의 다이아몬드 모형

앞에서 설명한 1980년의 경쟁위협에 이어 포터는 산업국가들내의 비교우위형태를 연구하여 그림과 같은 다이어몬드모형Porter's Diamond[11])을 발표하여 지속적인 혁신만이 경쟁력을 창출하고 유지할 수 있는 원천이라고 주장하였다.

다이아몬드 모형은 기존의 다섯 힘 이론, 가치사슬이론, 경쟁우위이론을 통합한 결과물이다. 이 이론은 국내시장에서 기업의 능력을 분석하는 데 사용할 수 있을 뿐만 아니라 국제시장과 경쟁할 수 있는 능력도 분석할 수 있다.

기둥으로 표현되는 네 가지 연구 분야는 다음과 같다.

1) 요소조건 factor conditions

---

11) Michael E. Porter, "the competitive advantage of nations," *Harvard Business review*, March-April 1990: 73-74.

2) 수요조건 demand conditions

3) 관련산업과 지원산업 related and supporting industries

4) 기업의 전략과 구조, 경쟁 firm structure, strategy and rivalry

이 연구 분야들로 국내시장에서의 생존력 분석뿐만 아니라 기업들이 국제시장에서 진출하기 적합한 산업분야를 선정하는 비교우위분석도구로 사용될 수 있다.

〈표 5-1〉 포터의 다이아몬드 모형

1) 요소조건 Factor Conditions

요소조건들은 현재의 국가에서 기업들이 개척할 수 있는 요소들이다. 그리고 이들 요소들은 대부분 기업에 유리하거나 보다 뛰어난 경쟁력을 갖춘 요소로 개발 할 수 있다. 예를 들어 인력부족요소는 일반적으로 유리한 요소가 아니지만 기업이 자동화나 무결점생산체제로 전환하면서 오히려 경쟁력을 갖추게 된다는 의미이다.

요소조건의 예로 고급노동력, 근로자들의 외국어 구사능력, 인력부족, 풍부한 천연자원 등이 있는데 포트는 요소조건은 풍족해야 하는 자원이 아니라 적절해야 하는 자원이라 주장한다.

요소조건의 내용은 다음과 같이 나눌 수 있다.

인적자원요소

저임금 근로자가 풍부한 저개발국 시장은 노동집약산업에 유리하지만, 고품질 산업에는 무의미하거나 불리할 수도 있다. 인적자원요소에는 근로자의 수와 능력, 임금체제, 직업윤리 등이 포함된다.

물적자원요소

생산에 필요한 천연자원 등 자연적 요소와 물가, 비용 등 경제적 요소가 포함된다. 이러한 요소들이 유리한 입지조건에서의 기업은 추가적인 경쟁력이 생성될 수 있다.

지식자원요소

기업 배후의 연구기관과 대학의 수 등 과학기술뿐만 아니라 관련시장에 대한 정보나 지식을 제공하는 중요한 자원요소이다. 지식자원요소는 기업의 핵심기술을 개발하고 유지하는 원천이 되기도 한다.

자본자원요소

관련시장의 능력으로 기업이 필요한 자본을 얼마나 용이하게 효율적으로 조달할 수 있는가 하는 조건이다. 예를 들면 예금 이자율, 대부이자율, 세율 등과 자본시장의 구조가 자본비용과 관련된다.

하부구조요소

일반적인 사회의 하부구조가 아니라 기업과 관련성이 높은 부분의 하부구조를 의미한다. 도로 항만에서 수출입 절차, 사회적 규제의 정도 등이 포함된다.

2) 수요조건 Demand Condition

어떤 생산제품에 대하여 해외시장보다 국내시장에서의 수요가 풍부하면 기업은 외국기업보다 더 제품개발에 집중하게 된다. 이는 국내수출기업으로서 글로벌 경쟁력도 높아지는 결과가 된다.

국내시장에서의 수요가 증가하면 이는 또 성장, 혁신, 품질개선의 원동력이 된다. 예를 들어 일본소비자들은 서양소비자들보다 오랫동안 전기, 전자기기들을 선호하여 결과적으로 일본의 전자산업이 글로벌 시장에서 성공을 거두는 초석이 되었다. 다음 상황별로 수요조건의 역할을 살펴보자.

자국수요상황

자국내의 수요가 가지는 의미는 상품의 시장성 테스트test이다. 기업이 생산한 제품에 대한 소비자들의 평가와 해석에 따라 소비자 욕구에 반응할 수 있는 능력으로 이어져 해외시장에서는 보다 경쟁력 있는 상품으로 진출할 수 있게 한다. 특히 자국수요의 증가는 이러한 기업의 반응을 촉진시킨다.

자국수요 규모와 성장

자국의 수요와 증가는 제품 생산과 판매에 있어서 규모의 경제가 가능하게 된다. 이러한 이점은 해외시장에서의 가격 경쟁력으로 이어질 뿐만 아니라, 생산량의 국내시장 흡수는 변동이 큰 해외시장의 위험이나 충격을 상대적으로 덜 받게 되는 경쟁력이 된다. 즉 해외시장에만 의존하는 기업에 비해 안정적인 경영이 가능하다는 의미이다.

국내시장의 급속성장

특정상품의 급속성장은 관련시장의 성장으로 이어져 기업으로서는 또 다른 대안투자처가 발생하는 요인이 된다. 급속성장시장은 새로운 기술의 개발과 적용을 가능하게 하며, 효율적인 생산설비의 확대를 가능하게 한다. 또한 국내시장에서의 급속한 성장은 해외시장에서의 성공을 예측하는 지표가 되기도 한다.

3) 관련산업과 지원산업 Related and Supporting Industries

국내의 지원산업 기업들과 공급자들이 경쟁상황이라면 국내기업들은 보다 유리한 상황에서 제조원가를 낮출 수 있고, 더 우수한 부품이나 제품을 공급받을 수 있다. 이는 국내기업들로 하여금 국제시장에서의 경쟁력을 갖추는 결과가 된다. 예를 들면 뛰어난 철강품질과 혁신적인 부품생산 능력은 독일 자동차들을 글로벌 시장에서 강한 경쟁력을 갖게 한다.

이렇듯 관련 및 지원산업들은 기존의 경쟁우위산업이나 기업을 지원하는 역할을 한다. 상품의 구성이 복잡하거나 지리적 시장이 넓은 경우 관련산업 혹은 연관산업의 도움없이 독자적으로 경쟁우위를 누리기는 힘들다. 또한 효율적인 생산을 위해서는 생산요소인 기술이나 자본 등의 투입이 효율적이고 원활해야 하는데, 이들을 지원하는 산업과의 근접성은 효율적인 생산으로 이어져 경쟁우위를 창출하는데 기여하게 된다.

기업간 근접성은 물리적인 거리뿐만 아니라 기업문화의 동질화도 포함한다. 그러므로 이러한 근접성은 경영활동에서 실리적인 접촉contact과 통합상승효과synergy effect가 발생하는 공동작용coordination을 가능하게 한다. 기업간 근접성은 가치사슬value-chain의 역할로 이어져 기업활동의 마지막 단계인 이윤창출에 기여하게 된다. 예를 들면 컴퓨터 산업과 소프트웨어 산업 또는 제약업과 천연물생산업의 연결 등이다.

4) 기업의 전략과 구조, 경쟁
Firm Strategy, Structure, and Rivalry

각국의 기업구조 및 경영체계는 경쟁력에 영향을 끼친다,

기업의 경영방법, 조직의 기술, 전략적 추구방향 등의 요소가 경쟁기업과 다를 경우에는 장점과 단점이 동시에 존재한다. 기업의 문화나 체질적 특성과 적합한 상품과 접목할 필요성을 의미한다.

예를 들면 관료적인 독일기업들과 민주적인 이태리기업들은 설명이 필요하지 않은 각각의 장단점을 가지게 된다. 즉, 독일기업은 철강 등 중공업산업과 화학산업에서 그리고 이태리기업은 시장의 수요에 신속히 반응하는 패션산업에서 각각 경쟁우위를 가질 수 있다. 또한 국내시장에서의 경쟁이 치열하면 글로벌시장에서의 경쟁우위를 설정할 수도 있다.

경영자들은 포터의 다이아몬드를 이용하여 국내시장에서 필요한 경쟁요소를 선별하고 또한 글로벌 시장 진출단계에서 경쟁우위를 확보하기 위해 필요한 경쟁요소들을 분석할 수 있다.

또한 기업들이 기대하는 미래의 전망에 대하여 미국 기업들은 주로 투자수익, 주가상승, 시장 점유율 등의 순으로 가치를 두게 되나, 일본기업들은 시장점유율, 투자수익 그리고 신제품 소개 등의 순으로 추구하는 전망이 서로 다르다.

5) 기타요소

기회 Chance

기회는 위험과 밀접한 관련이 있다. 정상적인 시장에서 획득하기 어려운 경쟁우위 확보의 기회는 위험한 시장상황에서 주로 발생한다. 예를 들면 전쟁발생과 그 여파, 급속한 기술변화, 비용 변동, 환율변동 등에서 발생한다. 역으로 생각하면 기회는 기존의 안정적 경쟁우위나 다른 시장 참여자들과의 우호적 관계를 깨뜨리는 역할도 하는 특징이 있다.

정부 Government

정부는 결정요소는 아니지만 결정요소에 영향을 끼치는 역할을 한다. 기업은 개별적인 목적을 가지지만 정부는 공공의 목적으로 법과 규제를 이용하여 노동시장과 조건, 자원의 이용에 대한 규칙과 처리, 소비자들의 안전성을 위한 품질기준 등에 제약을 가하여 기존경쟁요소를 향상하거나 반대로 감축하는 기능을 한다.

탐구과제

5-1. 고급신발산업의 해외투자에서 창출해야 하는 경쟁요소를 다이아몬드 모형을 참조하여 정리해 보자.

5-2. 만약 어떤 다국적기업이 일반신발생산을 위해 한국을 찾는다면 정부는 그 기업에 어떤 경쟁요소를 증대시키거나 감소시킬 수 있는가?

---

6. 기업의 글로벌 경쟁력 이론 Ⅲ

1) 비용-차별화-초점 전략

(1) 비용선두전략 Cost Leadership Strategy

비용선두전략은 마이클 포터에 의해 개발되어 경영전략에 사용되는 개념으로 경쟁우위를 세우는 방법의 하나이다.

비용선두전략은 쉽게 설명하면 산업 내에서의 경영이 가장 낮은 원가로 이루어져야 한다는 의미이다. 이를 위해서는 기업의 효율성, 규모, 축적경험 등의 요인들이 사용되어야 한다. 시장에서 기업들은 선두에 나서기 위해 이러한 요인들을 복합적으로 사용하였다. 비용선두전략은 때때로 훌륭한 고객과 제품선두전략으로 이어지기도 한다.

또한 비용선두전략은 가격선두전략과는 다르다. 낮은 비용이 반드시 낮은 가격을 의미하지는 않으므로 기업의 수익성을 제고하는데 도움이 된다.

비용선두전략은 기업이 저비용생산자로서 시장이나 여러 제품들을 망라하며 저가격전략을 펼치는 것이다. 이러한 전략은 산업의 성숙도가 높아지고, 최근의 경험곡선experience curve의 대중화로 많은 기업들이 선택하고 있는 기초적인 경쟁방식이다.

기본적으로 기업들은 효율적인 생산설비와 높은 시장점유율에서 발생하는 규모의 경제를 실현하고 있다. 또한 기업내 생산이 비용선두전략과 대치되면 협력업체를 통한 타 회사간 부품의 결합으로 신제품을 출시하기도 한다.

(2) 차별화 전략 Differentiation Strategy

여러 시장에서 어떤 기업의 상품이 독특하거나 독특하다고 소비자들에게 인식되어 있는 경우, 지속적인 상품의 차별화differentiation는 시장 점유율을 방어하면서 높은 수익률을 유지할 수 있는 요인이 된다. 이러한 기업들은 소비자들이 높게 평가하는 독특한 제품을 생산하여 시장에 공급한다. 그리고 이렇게 차별화된 제품은 일반제품보다 높은 가격을 설정하여 가격 프리미엄premium을 누릴 수 있다. 예를 들면 보통의 은목걸이와 유명 디자이너 제품인 티파니 목걸이, 일반칼과 쌍둥이표 칼henckel 등이다.

(3) 비용 초점과 차별화 초점
Cost Focus Strategy & Differentiation Focus Strategy

비용 초점과 차별화 초점은 비용선두나 차별화 전략보다 시장과 소비자에 대한 시야를 좁게 설정하여 시장을 살피게 된다. 즉, 시장을 여러 기준으로 세분화함으로써 소비자들의 욕구를 더 많이 이해하게 되고, 경쟁자들의 관심에서 벗어난 영역으로 결과적으로는 적은 비용으로 높은 수익을 창출하는 생산성 증가를 가질 수 있다는 의미이다. 이러한 예는 20%의 고객이 매출의 80%를 차지한다는 백화점 등과 높은 수준의 상품 속성을 요구하는 오디오 시장, 플래티늄 카드platinum card 등 다양한 시장이나 상품에서 초점의 대상이 존재한다.

이 중에서 비용초점전략은 낮은 생산비용으로 특정 소비자들을 만족시켜야 하므로 카메라를 예로 들면 기본 기능만을 원하는 소비자들에게는 복잡한 기능을 가진 카메라보다 낮은 비용으로 생산하여 공급할 수 있다. 이는 품질저하를 의미하는 것이 아니므로 소비자들도 만족하게 된다.

그리고 차별화 초점전략은 독특한 수요를 가진 소수의 소비자 집단을 찾아내고 이들을 위하여 일반제품과 차별화된 상품을 제공한다. 이는 때때로 수요를 가진 소비자들에게 혁신적인 제품이 되기도 하고 따라서 가격프리미엄을 기대할 수도 있는 전략이다.

예를 들면 미놀타 야외용 카메라dmc-ts3는 상당한 방수기능과 충격방지 장치와 더불어 온도계 고도계 나침반 GPS 기능을 갖추고 있어 스포츠 애호가들에게는 가치있는 상품이자 혁신적인 제품이라 할 수 있다.

포터는 이상의 네 가지 전략에 대해서 서로 합치거나 함께 추구하지 않는 것이 낫다고 주장한다. 서로 다른 방향의 전략을 합치면 중간 정도의 경쟁력을 야기할 수 있다. 예를 들면 제품을 차별화하면서 비용을 낮추기는 어렵기 때문이다. 따라서 경영자들은 하나의 전략을 선정하여 고집하는 것이 바람직하다고 설명한다.

〈표 6-1〉 비용-차별화-초점 전략 구성

일반경쟁전략		경쟁우위	
		비용인하	차별화
경쟁 범위	광범위	비용 선두 Cost Leadership Strategy	차별화 Differentiation Strategy
	소폭	비용 초점 Cost Focus Strategy	차별화 초점 Differentiation Focus Strategy

2) 글로벌기업의 경쟁우위

경쟁우위Competitive advantage[12]란 경쟁산업내에서 경쟁자에 비하여 전략적으로 뛰어난 요소를 의미한다. 경쟁우위를 점한다는 의미는 한 기업이 그 경영환경내에서 강해지고 우수한 지위를 갖게 된다는 것이다.

경쟁자에 비해 뛰어난 요소는 기업으로 하여금 매출액과 이익이 증가하고 또한 더 많은 고객을 확보함을 의미한다. 이를 가능하게 하는 구체적인 경쟁우위의 예를 들면 기업의 원가구조, 상품의 품질 및 구성, 유통망, 근로자들의 애사심, 고객지원 등이다. 이러한 경쟁우위들은 경쟁기업에 비해 기업의 가치를 상승시키고 주주들에게 더 많은 부를 배당할수 있게 한다. 그리고 지속적으로 유지가능경쟁요소들일수록 경쟁자들이 넘보기 힘들게 된다.

경쟁우위는 크게 두 가지로 나눌 수 있는데 하나는 비교우위이고 다른하나는 차별우위이다.

비교우위comparative advantage의 예를 원가로 들면 한 기업은 다른 기업보다 제품이나 서비스를 싸게 생산할 수 있는 능력이 있고 따라서 상대적으로 낮은 가격에 많은 양을 판매하여 수익을 증가시키는 능력이다.

이에 비해 차별우위differential advantage는 소비자들의 시각으로 볼 때에도 다른 기업이 가지고 있지 않은 독특한 장점요소를 의미한다. 예를 들면 위기대처능력이 뛰어난 기업문화, 근로자들의 정신세계, 불량률을 줄이는 기업의 노하우 등이다.

---

12) **Competitive advantage** is defined as the strategic advantage one business entity has over its rival entities within its competitive industry. Achieving competitive advantage strengthens and positions a business better within the business environment.

품질관리 부분을 연구하여 일본에서 더 유명하였던 더밍W.E. Deming은 기업이 경쟁우위를 유지하거나 점하기 위해서는 지속적인 품질향상을 해야 한다고 주장하였다. 예를 들면 세계시장의 35% 지분율을 가진 카터필라Caterpillar는 제품 차별화를 경쟁우위요소로 설정하여, 제품의 내구성 강화, 세계적 부품의 신속공급체계, 유통업자들과의 긴밀한 유대 등을 실시하여 우위를 지속하였다. 더밍의 이러한 주장은 일본 기업인들에게 많은 교훈을 주어 특히 제조업 분야에서 미국기업들을 능가하였고, 미국은 뒤늦게 더밍의 이론을 주시하게 되었다.

글로벌 경영의 경쟁우위Competitive Advantage for Global Business에 관한 이론들은 기업의 경쟁우위요소는 해외경영의 기능적 요소로 작용하여 조직에 많은 이점을 제공하고 있다고 설명한다. 기업들은 지속적인 성장욕구를 실현하기 위하여 어떻게 경쟁우위요소를 관리할 것인가 하는 과제를 가지게 된다. 이에 대해 먼저 학자들Prahalad & Hamel13)은 '경쟁우위는 오래가지 않는다Few competitive advantages are long lasting'라고 부정적인 단언을 하기도 한다.

기존의 경쟁우위를 유지하는 일은 새로운 우위를 만드는 일과는 많이 다르다. 우위전략의 핵심은 기업이 보유하는 경쟁우위를 경쟁자들이 모방하기 전에 미래에 대비한 새로운 우위를 창출하는 방법이다. 현재의 조직능력으로 기존의 우위를 개선하고, 새로운 우위를 학습하는 과제를 수행함이 경쟁에 대비하는 방어적 우위 개발이다.

우위의 계층 layers of advantage

기업이 광범위한 분산투자의 이점을 향유할 수 있다면 경쟁에서 발생하는 위험이 줄어들 수 있다. 성공하는 기업들은 우위요소를 사용하여 관련제품에 대해 효율적인 분산투자를 하고 있다. 한 예로 1970년대 초

---

13) Prahalad, C.K. and Gray Hamel, "The core competencies of the corporation," Harvard Business Review, May-June, 1990: 79-91.

반 일본기업들은 흑백TV 뿐만 아니라 칼라TV에서도 세계최대 생산국이 되었는데, 이는 당시 일본의 낮은 노동비의 경쟁요소를 충분히 활용한 때문이었다. 또한 이들은 노동비 우위요소가 오래 지속되지는 않음을 예측하고, 품질과 신뢰성이라는 두 경쟁우위요소를 첨가하여 세계시장에 진출할 힘을 축적하였다. 당시의 Matsushita(松下) 전기는 품질에만 전념하여 RCA 상표로 납품만 하였다. 이들은 제품만 잘 팔리면 된다는 단순한 생각을 갖고 있었다. 그 후 1970년대는 상표와 유통이라는 경쟁우위를 추가하기 위해 소비자들에게 상표인식과 유통 및 물류구조를 개발하기 위해 많은 투자를 실시하였다.

유통구조가 확립되고, 상표가 알려진 1970년대 후반 일본기업들은 기존의 우위에 새로운 우위요소인 신제품을 추가하게 된다. 즉 VCR과 복사기를 세계시장에 진출시켰고, 그 후에는 지역별로 다양한 소비자 욕구를 민족시기기 위해 현지투자를 통하여 제품의 차별화와 시장적응을 추진하였다. 이러한 일련의 과정은 일본기업들이 어떻게 가치사슬을 따라 경영활동을 하여 경쟁우위요소를 강화하였는지를 보여주고 있다.

느슨한 방어 loose bricks

경쟁자의 지역시장과 시장 세분화에 대한 무관심 등의 좁은 시야로 느슨한 방어를 하고 있는 경쟁자의 허점을 이용하여 시장에서 우위를 점하게 되는 방법이다. 한 예로 혼다Honda가 50cc 크기의 자동자전거 motorcycle로 미국시장에 진출하였을 때, 당시 대형 자동자전거로 지역시장을 지배하고 있던 할리데이비슨Harley-Davidson은 혼다를 과소평가하여 대응전략을 세우지 않고 간과하였다. 그 결과 혼다는 700cc 이상의 시장에서도 50%이상의 시장 점유율을 달성하게 되었다. 시장의 위협을 경험한 할리는 현재 초대형고급 전동자전거 상품으로 시장회복 단계에 있다.

규칙변화 changing the rules

경쟁우위를 점유하는 세 번째 접근방법으로는 기존 경쟁자들이 적용하고 있는 규칙이나 습관을 그대로 함께 적용하는 일은 거부하거나 수정하여 기업의 특성에 적합한 새로운 규칙이나 전략으로 시장에서의 경영활동을 개발하는 방법이다. 예를 들면 IBM과 Kodak은 복사기 시장에서 당시의 선두주자인 제록스Xerox의 경영전략을 모방하였다. 하지만 후발주자로 미국시장에 진출한 일본 캐논Canon은 새로운 규칙을 정하여 경쟁전략에 적용하였다. 먼저 제록스가 다양한 제품군으로 시장을 확장하였을 때 캐논은 표준화된 단일제품으로 제조원가를 감소하였다. 그리고 제록스가 인적판매 방법을 택하였을 때, 캐논은 대형 문구상을 통한 제품유통을 적용하였다. 제품의 디자인에서는 수리를 쉽게 하여 문구상들이 간단한 부품교환으로 서비스를 가능하게 하여 정식 서비스망 확충에 드는 비용을 대폭 절감하였다. 마케팅 측면에서는 판매와 더불어 대여lease방식을 통하여 기업의 재무구조개선에 기여하면서 매출효과를 누렸다. 그리고 제록스가 실시해 오던 기업 임원진 대상에서 캐논은 실질 사용자인 동시에 의사결정자에게 의견이나 추천 등의 형태로 영향력을 행사할 수 있는 비서나 부서의 담당자들을 표적시장으로 홍보를 하였다.

그 결과 캐논의 시장 점유율은 24%, 제록스는 14% 정도로 변화하였다. 그 후 캐논은 업계 최초로 소형 영사기camcorder와 컴퓨터 기술을 응용하여 칼라 복사기를 출시하였다. 여러 경영분야에 대한 적절한 응용은 시장에서 캐논이 강한 경쟁우위를 점하는데 효과적이었다.

공동협력 collaborating

경쟁우위를 획득할 수 있는 또 다른 방법은 다른 기업이 개발한 노하우know-how를 활용하는 일이다. 이를 위해서는 경쟁기업이나 관련기업과의 기술제휴licensing, 합작투자Joint Venture 그리고 파트너쉽partnership 등의 형태로 접근이 가능하다. 역사적으로 일본기업들은 서구와의 기술제휴를 통해 기술을 습득하고, 현재의 제품 우수성을 확립하였다. 그리고 한국은 주로 일본과의 기술제휴를 통해 필요한 기술을 이전 받았다. 일본의 예를 들면 소니sony는 1950년 미국 통신회사인 AT&T로 부터 $25,000에 트랜지스터transister 기술을 습득하고, 이를 응용하여 다양한 전자제품을 개발하였다. 최근에는 미쯔비시Mitsubishi 중공업이 미국항공회사의 제품을 생산하고 부품과 서비스에 대한 계약도 맺고 있다. 이에 대해 많은 전문가들은 일본의 기술획득은 곧 미국항공산업의 쇠퇴로 예견하고 있다.

6-1. 비용-차별화-초점 전략은 해외수출이나 생산에 있어서 제품표준화 혹은 차별화 전략과 유사하다. 개인적으로 좋아하는 상품을 예로 들어 이들 전략을 적용하여 보자.

6-2. 글로벌 경쟁시장에서 규칙변화의 또 다른 예를 국내외에서 찾아 보자.

7.
기업의 해외진출단계

1) 기업의 해외진출방법

기업의 활동영역은 기업목표인 안정된 이윤추구 여부에 의해 결정된다. 새로운 활동영역에 대한 의사결정 변수로는 투자비용, 기대위험, 통제수준, 법적 제한 그리고 경쟁상황 등이다.

또한 자사의 자산, 기술, 수익, 인력 그리고 기업의 장기적 안정성 등도 중요한 내부결정 요소들이다. 기업들은 추구하는 이윤의 효율성을 위해 재무관리, 생산관리, 기술관리 그리고 마케팅관리 등을 집중화하거나 분권화할 수 있다. 그러나 법적 환경은 현실적으로 선택의 여지를 찾기보다는 법적 요구를 받아들여야 한다.

기업의 국제화는 해외시장 진입형태와 유사하게 (1) 수출 (2) 라이센싱 (3) 합작투자 (4) 단독투자로 나누어진다.

다음 〈표 7-1〉에서는 해외진출 방법을 사용조건에 따라서 장점과 단점으로 분류하여 제시하였다.

〈표 7-1〉 기업의 해외진출방법에 따른 장단점

진입형태	사용조건	장점	단점
(1) 수출	• 현지 잠재 시장이 제한적 • 제품수정이 적을 때 • 생산지와 유통이 가까울 때 • 현지생산비용이 높을 때 • 수입정책이 유리할 때 • 정치적위험이 높을 때	• 위험과 투자 최소화 • 현재의 설비 최대가동	• 무역장벽과 관세가 원가에 부가 • 국제운송비용 • 현지정보부재 • 현지시장에서 외부인으로 보여짐
(2) 기술제휴	• 수입과 투자장벽 존재 • 현지국이 법적보호가능 환경 • 현지 잠재 시장이 제한적 • 문화적 거리가 큼 • 피기술제공자가 미래 경쟁자가 될 능력이 부족	• 위험과 투자 최소화 • 빠른 진입 • 무역장벽 우회 가능 • 높은 투자대비 수익율	• 기술사용통제부족 • 피기술제공자가 미래경쟁자가 될 수도 있음 • 기술지식의 확산 • 제휴기간이 한정
(3) 합작투자	• 수입장벽존재 • 문화적 거리가 큼 • 자산적정평가 불가 • 잠재시장규모가 큼 • 정치적 위험 일부있음 • 외국인 소유제한 존재 • 현지기업이 기술 자원 유통망 상표 제공가능	• 소유제한과 문화 차이 극복 • 두 회사의 자원을 융합 • 잠재적 지식습득 기회 • 현지기업으로 비추어짐 • 투자금액이 적어짐	• 경영의 어려움 • 통제력 저하 • 수출과 기술제휴 보다 큰 위험 • 기술지식의 확산 • 파트너가 미래경쟁자가 될 수도 있음
(4) 직접투자	• 수입장벽존재 • 문화적 거리감이 적을 때 • 자산적정평가 불가 • 잠재시장규모가 큼 • 정치적 위험도 낮음	• 현지시장정보증대 • 고급기술적용가능 • 기술확산최소화 • 현지기업으로 간주	• 다른진입형태보다 높은 위험 • 더 많은 자원과 책무가 요구 • 현지자원사용의 한계

특히 국제기업의 경영활동은 다음과 같이 좀 더 세부적으로 나눌 수 있다.

(1) 수출 exporting[14]

수출이란 국내에서 생산된 제품을 판매촉진을 통하여 외국에 직접 판매하는 것이다. 국내거주자가 제품을 구매하여 해외로 보내는 방법은 간접수출indirect export이라고 한다.

수출은 해외시장에 접근하는 전통적이고 통상적인 방법이다. 수출은 현지국에서의 생산설비를 필요로 하지 않으므로 별도의 설비투자가 이루어지지는 않는다. 단지 수출과 관련된 모든 비용은 마케팅 비용으로 간주된다.

외국의 구매자에게 제품을 판매하는 일은 외국기업이나 정부와 직접적인 관련성이 별로 없는 방법이다. 역사나 이론적으로 개발도상국에서의 수출은 외화획득과 자국의 산업육성을 위해 적극적으로 추진되나, 선진국들의 수출은 주로 제품수명주기의 연장을 목적으로 이루어졌다. 그리고 선진국들의 수출은 국제제품수명주기에 의해 개도국으로부터 역수입하는 순환cycle 형태가 많이 발생하게 된다.

기업들의 초기수출은 신용장 등으로 대금의 지불을 보증받고 상품을 선적하는 일이다. 하지만 수출지역의 시장규모가 성장하고 수익이 증대되면 그 중요성을 고려하여 현지국에 지사sales office를 설립하기도 한다.

단순수출 외에 최소한의 투자로 수출을 하는 방법은 피기백piggyback distribution이다. 예를 들면 초보전자에서 만든 새로운 MP3 (Rider)는 기

---

14) **Exporting** Exporting is the marketing and direct sale of domestically-produced goods in another country. Exporting commonly requires coordination among four players: Exporter, Importer, Transport provider, Government

존전자의 TV (Carrier) 수출 유통망을 이용하는 경우이다. 수출물량의 증대가 지속되면 자사의 유통망을 갖추는 것이 편리하지만 투자비용과 수익에 대해 효율성을 점검하여야 한다.

수출물량이 많을 경우의 다른 방법은 OEMOriginal Equipment Maker or Manufacture방식이다. 타사로 하여금 자사상표의 제품을 제조하여 수출량의 변동에 대비하는 방법이다. 하지만 수출물량의 증대는 현지국에서 경쟁자들의 반발을 유발하고 이는 곧 새로운 무역장벽을 세우는 계기가 된다. 이러한 상황에서는 현지국이나 제3국 OEM 방식 즉, 수입국 현지나 제3국의 공장들로 하여금 수출국 상표의 제품을 제조하게 하여 현지국에서 유통하는 방법이 있다.

OEM과 내비되는 빙식으로는 ODMOriginal Design Manufacturer 있다. 이 방식은 단순한 하청관계에서 벗어나 제조업체는 주문자가 가지고 있지 않는 원천기술들을 보유하고 생산에 주도권을 쥐고 있다는 점이 다르다. 이와 유사한 사례로 Nike 신발을 제조하는 태광실업을 들 수 있다. 즉 Nike는 제조사인 태광실업이 아니면 최고 품질의 신발을 판매할 수 없다는 의미이다.

(2) 기술제휴 licensing[15]

기술제휴는 혹은 라이센싱은 현지국의 회사licensee에 기술제공자licensor 자산을 사용할 수 있도록 허가하는 것이다. 일반적으로 그 자산은 무형자산으로 상표권이나 특허권 그리고 제조기술 등의 형태이다.

현지국회사는 이러한 자산을 사용하거나 기술을 지원받는 대가로 비용을 지불하게 된다. 라이센싱에서 기술제공자는 실질적 투자를 거의 하

---

15) **Licensing** Licensing essentially permits a company in the target country to use the property of the licensor.

지 않으므로 비교적 큰 투자대비수익율ROI, Return on Investment을 갖게 된다. 하지만 대부분 현지회사가 제조 및 판매를 함으로써 제조와 마케팅에서 오는 잠재적인 이익은 잃게 된다.

기술제휴는 기술이전계약의 의미로 기업이 직접수출이나 현지직접생산이 여러 가지 조건으로 어려울 때 혹은 현지시장이 직접투자하기에는 시장으로서의 매력이 없을 때 사용하는 방법이다. 라이센싱 선택조건으로는 높은 현지생산원가, 자국생산규모확대의 어려움, 법적 제약 혹은 높은 수송비 등을 들 수 있다. 라이센싱은 제휴기업에 자사의 특허권patents, 노하우know-how, 저작권copyrights, 영업비밀trade secret 혹은 상표권trademarks, brandnames 등을 대여하여 현지국에서 상품을 제조·판매하게 하는 계약이다.

예를 들면 IBMlicensor은 컴퓨터를 한국에 직접수출하지 않고 라이센싱계약으로 LG전자licensee 한국에서 제품을 생산, 판매하는 경우이다. 이러한 라이센싱은 생산설비가 유사한 타사와 제휴함으로서 설비의 중복을 최소화하는 효과도 있지만 상대적으로 많은 문제도 발생한다. 라이센싱 대금결제와 기술의 유출 문제 외에도 품질상태는 본사의 이미지에 영향을 미칠 수도 있고, 제휴회사는 추후 자사의 경쟁자가 되기도 한다. LG전자는 라이센싱계약으로 LG-IBM 컴퓨터를 생산판매하였지만, 라이센싱을 통해 습득한 기술과 경영상의 노하우로 순수자사 브랜드인 LG-Logics를 만들어 판매하는 경우이다.

이러한 경우는 한국과 경제발전속도가 빠르고 현지에 진출한 기업들의 지원이 용이한 중국간에 특히 많이 발생하고 있다. 라이센싱을 통해 제공된 특허권은 국제간의 협약(the Patent Cooperation Treaty, the European Patent Convention, the European Community patent Convention)으로 보호받지만, 특히 개도국이나 후진국에서는 현실적 실효성이 매우 낮은 실정이다. 특허권의 침해를 증명하기가 어렵고, 법적 소송에서는 시간과 비용을 지불해야하나 대부분 유리한 결과를 기대하기는 어렵기 때문이다. 이러한 제도적 미비는 많은 개도국에서 불법 복제품이 양산되는 결과를 가져왔다.

서비스산업에서 많이 발생하는 프랜차이징franchising은 단순한 상표권의 이전뿐만 아니라 실제영업을 위해 필요한 모든 사항을 제공한다. 원재료에서 제조기술, 마케팅기법, 경영노하우, 유통기법 등이다. 프랜차이징에서는 제품의 표준화보다는 수정화로 성공하는 경우가 많다. McDonald's, KFC 등은 현지인의 입맛, 사회문화적 배경, 법적 요구사항 등을 고려한 후 차별화된 제품을 판매한다.

(3) 계약생산 contract manufacturing[16]

계약생산은 라이센싱과는 달리 기술과 경영상의 노하우를 통제하면서 최소한의 직접투자로 해외시장을 경영하는 방법이다. 이 방법은 현지의 생산기업으로 하여금 완성품 혹은 부분품을 생산하게 하는데 주로 핵심부품은 자사에서 생산하여 공급하게 된다.

이러한 방법은 현지의 노동과 원재료를 사용하는 이점도 있다. 주로 선진국기업들이 개도국시장에서 많이 사용하는 방법이다. 설명한 바와 같이 라이센싱은 기술유출의 문제와 통제의 문제 그리고 미래의 경쟁자를 만드는 문제가 있지만, 계약생산은 이러한 위험이 감소되는 이점이 있다.

계약생산의 대표적 장점 중의 하나는 원가절감을 들 수 있다. 생산에 필요한 설비에 투자하지 않으므로 자본비용을 줄일 수 있다. 그리고 노동비와 근로자의 훈련비 및 복지후생비 등도 절감된다. 어떤 회사들은 인건비가 싼 국가들과 계약생산하여 낮은 노동비를 향유한다.

---

16) A contract manufacturer ("CM") is a manufacturer that contracts with a firm for components or products. It is a form of outsourcing.

(4) 공동생산 international co-production agreement[17]

공동생산은 국내기업과 외국기업이 합작으로 제품을 생산하는 방법이다. 이러한 생산방식은 일반적으로 자사만으로는 생산기술이 부족하거나 많은 자본이 요구되는 대형 프로젝트project 등에 사용된다. 이 방식은 규모의 경제, 중복 비용절감, 각 참여기업의 독점기술 사용 그리고 경영경험의 합작에 대한 이점이 있다. 이 방법의 예는 미국과 일본이 주로 참여하는 우주사업이나 영국과 프랑스간의 초음속 비행기 콩코드Concorde 제작에 사용되었다.

(5) 경영계약 management contract arrangement[18]

경영계약은 한 회사가 다른 회사에 경영방법과 기능을 제공하는 것이다.

예를 들어 아시아에서는 대부분의 대형호텔들이 서구의 호텔본사들과 경영계약을 하고 있는데, 효율적인 경영에 필요한 노하우뿐만 아니라 전 세계 다른 호텔과의 예약시스템을 연계하여 규모의 경제도 쉽게 이룰 수 있다. 호텔 브랜드를 포함한 경영계약은 그 계약기간이 수십 년에 이르는 것이 일반적이다. 또한 경영계약수수료도 높은 편이어서 호텔 세전이익의 6~10%에 이른다.

또 다른 예로 자금이 풍부한 기업이 항공산업에 진출하려고 할 때 비행기를 구매하거나 승무원을 채용하는 일은 어렵지 않지만 승무원과 직

---

17) An international co-production is a production where two or more different production companies are working together, for example in a film production. In the case of an international co-production, production companies from different countries (typically two to three) are working together.

18) A management contract is an arrangement under which operational control of an enterprise is vested by contract in a separate enterprise which performs the necessary managerial functions in return for a fee.

원교육, 항공권 발행, 비상계획contingency plan 등 수 많은 운영사항의 노하우가 없다. 이럴 경우 국내의 기존 항공사는 경쟁관계가 되므로 지식 전달을 거부할 것이고, 경쟁사의 전문인력채용은 윤리적인 문제가 발생한다.

경영계약은 잠재적 경쟁의 정도가 약한 외국기업에서 운영의 노하우 know-how를 제공하거나 받는 방법이다. 기록을 보면 첫 경영계약은 1978년 칸타스Qantas항공과 던칸압톤씨 사이에서 서명되었다.

(6) 완성인도계약 turnkey operations[19]

완성인도계약은 외국기업이 공항이나 항만 등 규모가 큰 건설계약을 체결하여 설비를 바로 사용할 수 있는 상태로 만들어 인도하는 방법이다. 수주계약의 상대는 주로 외국정부나 기관 등이다. 건설규모의 방대함과 높은 비용으로 대부분 할부로 대금이 지급되고 마지막 대금 지급시 완성된 설비와 교환한다.

완성인도는 주로 일반 건설분야에서도 많이 시행되지만, 높은 기술을 요구하는 핵발전소, 지하철, 석유화학공장 등의 건설에서도 많이 계약된다. 완성인도계약 방식도 라이센싱과 마찬가지로 기술유출의 위험이 있다. 많은 부분에서 제품의 인도는 곧 기술의 인도를 의미하기 때문이다.

일본의 경우 한국과 대만에 완성인도계약으로 대형선박과 철강생산기지를 제공하였는데 그 후 일본의 조선산업과 철강산업이 쇠퇴하였다고 주장하고 있다.

최근 들어서는 기업의 고객관리시스템이나 은행의 온라인뱅킹 시스템

---

19) A turn-key or a turn-key project is a type of project that is constructed by a developer and sold or turned over to a buyer in a ready-to-use condition.

등을 개발하여 즉시 가동할 수 있는 상태에서 고객에게 전달하는 컴퓨터 프로그램 산업분야에서도 완성인도계약이 활발하게 나타나고 있다. 상자에서 꺼내어 바로 사용할 수 있는 것과 마찬가지라는 의미로 "right out of the box"라고도 부른다.

(7) 합작투자 joint venture[20]

해외 기업과의 공동투자는 여러 가지 장단점을 가지고 있다. 잠재적인 이점은 현지사정의 이해, 소비자의 반감 감소, 정부에의 접근성, 재무위험의 감소 등으로 현지시장에의 접근이 상대적으로 용이한 편이다. 단점의 경우 많은 기업들이 단독투자를 하는 이유로 기술의 유출, 경영상의 충돌 등이다.

(8) 단독투자 wholly owned subsidiaries[21]

국제기업의 경우 모회사가 해외경영에서 다수 자본을 소유할 경우, 생산의 통제와 의사결정 그리고 총체적인 이윤의 통제를 할 수 있다. 그리고 모회사는 국제경영에서 기술과 영업비밀trade secrets 등을 보호할 수 있다. 그러므로 높은 기술수준을 가진 기업들은 단독투자형태인 100% 완전소유의 자회사를 선호하게 된다.

---

20) A joint venture is a business agreement in which parties agree to develop, for a finite time, a new entity and new assets by contributing equity. They exercise control over the enterprise and consequently share revenues, expenses and assets. There are other types of companies such as JV limited by guarantee, joint ventures limited by guarantee with partners holding shares.

21) A subsidiary whose parent company owns 100% of its common stock. A company that is totally owned by another company. For example, American Airlines is a wholly owned subsidiary of AMR Corp. A wholly owned subsidiary may have publicly traded preferred stock and debt, but all of its common stock is owned by a parent company and is unavailable for purchase.

앞에서 설명한 바와 같이 해외직접투자는 투자대상기업이 기존기업 혹은 신설기업의 여부 그리고 소유지분의 형태에 따라 해외투자형태를 다음과 같이 나눌 수 있다.

소유형태 기업종류	부분소유	완전소유
기존기업	자본참여 capital participation	인수 acquisition
신설기업	합작투자 joint venture	신규건설 greenfield

(9) 전략적 제휴 strategic alliances[22]

전략적 제휴는 국내기업간에도 이루어지지만 여기서는 서로 다른 국적의 기업들이 새로운 회사를 설립하지 않고 각자가 가진 비교우위의 기술이나 자본으로 특정목적을 위해 서로의 경영을 지원함을 의미한다. 간혹 새로운 회사가 설립되지만 이런 경우 앞에서 설명한 공동투자joint venture형태의 운영이 된다. 다른 시각에서 보면 공동투자 또한 전략적 제휴와 유사하나 공동투자는 일반적으로 자본의 분배이지만 전략적 제휴는 자본의 분배뿐만 아니라 서로에게 필요한 경영요소를 위해 경영을 협력함을 의미한다. 예를 들면 제조회사와 유통회사의 결합 등이다.

---

22) A Strategic Alliance is a relationship between two or more parties to pursue a set of agreed upon goals or to meet a critical business need while remaining independent organizations.

2) 기업의 수직적 투자와 수평적 투자

해외직접투자에는 투자하는 영역에 따라 수평적 투자horizontal investment와 수직적 투자vertical investment라는 개념이 있다.

수평적 투자는 현재의 기술 수준은 유사하며 생산량을 늘이거나 비용 절감을 목적으로 같은 영역의 산업에 진출하는 해외투자를 말한다. 예를 들면 독일 맥주회사가 중국 맥주회사를 합작 또는 인수하여 생산량을 늘이고 시장도 확대하는 방법이다. 다른 영역으로의 수평적 투자는 이태리 신발회사가 미국의 신발회사를 인수하거나 합병하여 또 다른 상표의 신발을 생산하여 결과적으로 시장점유율을 올리게 되는 예를 들 수 있다.

수직적 투자는 일반적 예를 들면 이태리의 유명한 신발회사가 멕시코의 가죽공장을 인수하거나 설립에 투자를 하는 일이다. 또한 한국의 자동차 기업들이 자동차 기술을 습득하기 위해 미국의 연구소에 투자하거나, 디자인 기술을 배우기 위해 이태리에 연구투자하는 행태를 포함한다.

수직적 투자를 세분하면 또 다시 산지국 수직투자foreign vertical direct investment와 진출적 수직투자forward vertical foreign direct investment로 나눌 수 있다.

전통적으로 산지국 수직투자는 기술을 가진 기업이 생산을 위한 원자재 확보를 목적으로 저개발국가의 유전개발이나 탄광 채광권에 투자하는 것이다. 이는 채집기술과 장비가 뛰어난 선진국기업들이 상대적으로 미약하거나 몽매한 국가들의 잠재적 부가가치가 있는 원자재를 확보한다는 측면에서 비난의 여지가 많은 투자이기도 하다.

이에 비해 진출적 수직투자는 한국의 상품을 수출하는 방법보다 캐나다에 유통회사를 설립하여 보다 효율적이고 적극적인 방법으로 시장점유를 확대하는 것이다.

3) 기업의 인수 및 합병

인수acquisition[23]는 한 회사가 다른 회사를 사들이는 것이다. 합병 consolidation[24]은 두 회사가 합쳐서 하나의 새로운 형태의 회사가 되는 것이다. 따라서 과거의 두 회사 중 어느 것도 독립적으로 생존하는 것이 아니다.

인수에는 상장회사인수와 비상장회사인수가 있다. 상장회사인수는 피인수회사의 주식이 공개적으로 거래되는 회사를 의미한다. 비상장회사는 주로 적대적 인수합병을 피하기 위해 주식의 대부분이 가족이나 지인에게만 분배되어 있는 회사이다.

인수나 합병을 위해서는 주로 다음과 같은 대상기업의 5가지 항목들을 평가한다. 하지만 하나의 항목이나 여러 항목을 복합적으로 평가할 수 있고, 기업에 따라서는 정확성을 높이기 위해 또 다른 새로운 항목들을 구성하여 평가할 수도 있다. 평가액은 매매에 있어서 중요한 역할을 하므로 평가사는 산출된 평가금액을 가치의견서Letter of Opinion of Value(LOV)의 형태로 작성하여 이해관계자집단stakeholders에 제공한다.

가치의견서는 기업의 규모가 클수록 내용이 상세하고 복잡하지만, 작은 규모의 기업이라도 속한 산업의 민감성에 따라 평가서의 형태가 다를

---

23) An acquisition is the purchase of one business or company by another company or other business entity. Consolidation occurs when two companies combine together to form a new enterprise altogether, and neither of the previous companies survives independently. Acquisitions are divided into "private" and "public" acquisitions, depending on whether the acquiree or merging company (also termed a target) is or is not listed on public stock markets. An additional dimension or categorization consists of whether an acquisition is friendly or hostile.

24) The combining of two or more companies, generally by offering the stockholders of one company securities in the acquiring company in exchange for the surrender of their stock.

수 있다. 또한 대상기업들은 종종 자신들의 가치가 평가절하되지 않도록 다른 형태의 보고서나 평가자료를 공개하고 배부한다. 그리고 통계에 따르면 기업들의 실제 인수율은 50% 정도로 알려져 있다.

- 자산평가 asset valuation
- 과거수익율 historical earnings valuation
- 미래 유지가능 수익 future maintainable earnings valuation
- 타회사나 타거래와의 비교평가
  relative valuation(comparable company & comparable transactions)
- 할인현금흐름 평가 discounted cash flow(DCF) valuation

4) 기업의 합병역사

역사적으로 기업의 합병 물결은 다음과 같이 나눌 수 있다. 시장확대를 위한 초기합병이 주로 수평적이었다면, 근래에는 주주들의 부를 극대화하기 위한 투자성격을 가진 합병도 나타났다.

〈표 7-2〉 시대별 기업의 합병 활동

기 간	합병 명칭	합병 특징
1897~1904	1차 물결	수평적 합병
1916~1929	2차 물결	수직적 합병
1965~1969	3차 물결	대기업 다각화합병
1981~1989	4차 물결	동종산업 적대적 합병, 기업사냥
1992~2000	5차 물결	해외기업 합병
2003~2008	6차 물결	주주활동합병, LBO[25]

---

25) **A leveraged buyout** (LBO, or highly leveraged transaction (HLT), or "bootstrap" transaction) occurs when an investor, typically financial sponsor, acquires a controlling interest in a company's equity and where a significant percentage of the purchase price is financed through leverage (borrowing).

5) 합병과 인수의 차이

한국에서는 종종 인수합병 혹은 M&A라는 용어를 함께 쓰거나 섞어 사용하지만, M&A는 합병인수로 해석해야하고, 인수acquisitions와 합병 mergers은 기업을 합친다는 넓은 의미에서는 유사한 말이 되지만 여러 측 면에서 서로 다르다.

한 회사가 다른 회사를 구매 혹은 점거하여 명백한 새 주인으로 자신 이 드러날 때는 인수라고 부른다. 이 때 인수가 저평가된 상대회사를 구 입하여 시세차익을 목적으로 한다면 상대회사의 주식이 거래되는 독립 회사로 둘 수 있는 물리적 인수다. 하지만 상대회사를 통해 판매망을 확 충하거나 구매회사와 인력을 재배치하는 등 화학적 융합이 일어나면 상 대회사의 주식은 소각된다.

순수측면에서 합병은 두 개 이상의 회사가 독립적으로 남아있기보다 는 하나의 새로운 회사로 탄생하는데 동의하는 화학적 융합이다. 이때 규모가 비슷하여 두 회사의 주식이 소각되고 새로운 주식으로 전환될 때 동등합병merger of equals이라고도 한다. 예를 들면 1999년 Glaxo Wellcome과 SmithKline Beecham은 GlaxoSmithKline이라는 복합 적인 이름을 가진 제약회사로 탄생하였다. 이 회사의 뿌리는 1700년에 John K. Smith & Co.로 설립된 제약회사이다.

하지만 이렇게 동등한 합병은 쉽지 않다. 대부분 서로 규모가 다른 기 업들은 합병에 더 많은 어려움이 있다. 종종 자회사가 다른 기업에 인수 되는 상황에서도 모기업의 이미지를 이유로 합병 형식으로 합쳐지는 경 우도 있다. 이와 반대로 우호적 합병friendly mergers이 아닌 상대회사가 원 하지 않는 적대적 합병hostile mergers이나 인수hostile acquisition는 통상 인수 로 간주된다.

7-1. 전략적 제휴의 정의와 의미를 공부하고, 사례를 찾아 발표하고 장단
　　점을 분석하자.

7-2. 다국적 기업들의 해외투자에서 적대적 인수의 예를 찾아 발표하자.

7-3. 다음의 시사기사를 읽고 투자회사들의 명품인수에 대한 의견을
　　경영 전략을 생각하며 주관적으로 평가해 보자.

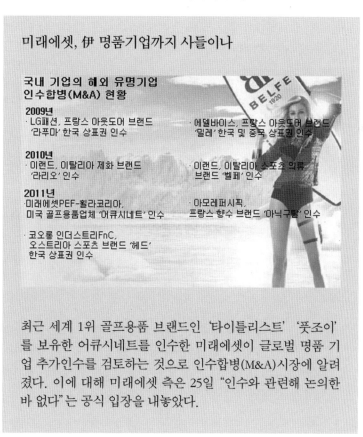

미래에셋, 伊 명품기업까지 사들이나

**국내 기업의 해외 유명기업
인수합병(M&A) 현황**

2009년
· LG패션, 프랑스 아웃도어 브랜드
　'라푸마' 한국 상표권 인수

· 에델바이스, 프랑스 아웃도어 브랜드
　'밀레' 한국 및 중국 상표권 인수

2010년
· 이랜드, 이탈리아 제화 브랜드
　'라리오' 인수

· 이랜드, 이탈리아 스포츠 의류
　브랜드 '벨페' 인수

2011년
· 미래에셋PEF-휠라코리아,
　미국 골프용품업체 '어큐시네트' 인수

· 아모레퍼시픽,
　프랑스 향수 브랜드 '아닉구탈' 인수

· 코오롱 인더스트리FnC,
　오스트리아 스포츠 브랜드 '헤드'
　한국 상표권 인수

최근 세계 1위 골프용품 브랜드인 '타이틀리스트' '풋조이'
를 보유한 어큐시네트를 인수한 미래에셋이 글로벌 명품 기
업 추가인수를 검토하는 것으로 인수합병(M&A)시장에 알려
졌다. 이에 대해 미래에셋 측은 25일 "인수와 관련해 논의한
바 없다"는 공식 입장을 내놓았다.

하지만 미래에셋이 최근 공격적 M&A 전략을 펼치고 있어 해외 명품 업체의 추가 인수 가능성은 높다는 게 관련 업계의 분석이다. M&A는 공식 발표 직전까지 인수 및 피인수 회사에서 극구 부인한다. 이랜드그룹이 19일 이탈리아 프리미엄 잡화 브랜드 '만다리나덕' 인수를 발표할 당시에도 직전까지 전혀 소문이 나지 않았다.

명품 업계에선 미래에셋이 인수에 나선다면 '구치' '프라다' '페라가모' '펜디' 등 'A급' 브랜드보다는 가방과 청바지 등에 특화된 중간급 '매스티지(대중화된 명품)' 브랜드를 노릴 것으로 보고 있다.

○ 이탈리아 명품 브랜드가 타깃

국내 기업들이 최근 명품 브랜드 M&A시장에서 가장 관심을 갖는 국가는 이탈리아다. 유럽 남부를 강타한 재정위기의 직격탄을 맞으면서 '알짜 매물'이 싼값에 시장에 나오고 있기 때문이다. 이랜드그룹은 '만다리나덕'을 소유한 이탈리아 부라니그룹이 2008년 이 브랜드를 사들일 때 지불한 840억 원보다 약 140억 원이나 싼 가격에 인수했다.

미래에셋은 2007년 설정된 미래에셋 글로벌그레이트컨슈머펀드를 통해 루이뷔통, 버버리, 코치 등 명품기업에 투자하고 있다. 하지만 미래에셋이 당장 이탈리아의 최고급 브랜드를 인수하기는 쉽지 않을 것이라는 분석도 나온다. 최고급 브랜드들은 주로 대그룹에 소속돼 있고, 두 자릿수 이상의 성장세를 보이고 있어 매물로 잘 안 나오기 때문이다.

프랑스 PPR그룹 소속인 '구치'의 올 1분기 매출은 지난해 같은 기간 대비 24% 성장했다. 지난달 홍콩 증시에 상장한 '프라다'는 홍콩거래소에 제출한 보고서에서 올해 80개의 신규 매장을 추가로 낼 예정이라고 밝혔다. 5년간 준비한 끝에 6월 이탈리아 증시에 상장한 '페라가모'도 상장 이후 본격적인 성장세에 돌입할 것으로 관측된다. 안정균 SK증권 연구원은 "만약 1조 원 이하의 명품업체가 있다면 미래에셋이 도전해 볼 수 있을 것"이라고 말했다.

○ 명품 업체 인수에 나서는 까닭

국내 기업의 인수 가능성이 높은 대상은 '매스티지' 브랜드
다. 최고급 명품 브랜드들은 인지도를 바탕으로 신흥시장인
중국에서 호황을 이어가는 반면 상당수의 '매스티지' 브랜드
들은 별다른 성과를 내지 못하고 있기 때문.

중국 기업 등 후발 주자들이 일류 브랜드 인수를 통해 한꺼번
에 3, 4단계씩 도약하고 있는 점도 국내 기업의 명품 브랜드
인수 붐에 불을 지필 것으로 보인다. 국내 브랜드를 '키워서'
세계시장에서 명품으로 성장시키는 것보다 기존 브랜드를 인
수하는 것이 훨씬 효율적이기 때문이다.

송재용 서울대 경영학과 교수는 "불황기에 기업을 인수하는
것이 성공확률이 높다"며 "앞으로 세계시장에서 명품 이미지
를 얻지 못하면 살아남기 힘든 만큼 국내업체의 명품 브랜드
인수 붐은 당분간 이어질 것"이라고 말했다.

_ 동아일보, 2011.07.26

8.
투자국 선정과
국제기업의 전략지향성

1) 해외직접투자국 선정

해외직접투자Foreign Direct Investment, FDI[26]는 해외 현지국에 공장설비에 대한 직접적인 소유권을 가지는 것이다. 이를 위해서는 자본, 기술, 인력 등의 생산자원이 본국이나 현지를 포함한 외국의 자회사에서 현지로 이전되어야 한다. 해외직접투자의 통상적인 예는 회사들이 외국에 진출하여 공장 등의 생산설비를 구입하거나 건설하는 것이다.

많은 경제학자들은 해외직접투자가 현지국에 일거리를 제공하고 자본을 증가시키므로 경제에 도움이 된다고 주장한다. 다른 사람들은 현지에

---

26) **Foreign Direct Investment** the ownership or control, directly or indirectly, by a single foreign person or individual, or related group of individuals, company, or government, of 10% or more of the voting securities of an corporated business enterprise or an equivalent interest in an unincorporated business enterprise, including real property.

서 발생하는 이익은 대부분 본국이나 제3국으로 송금되며 여러 가지 사회문제를 발생시킨다고 주장한다.

여기서는 다국적기업들의 해외직접투자 과정에서 고려해야 할 사항들을 다음과 같이 단계별로 설명하고자 한다.

- 투자대상 국가분석 Country Identification
- 초기분석 Preliminary Screening
- 심층분석 In-Depth Screening
- 최종선정 Final Selection
- 직접체험 Direct Experience

(1) 투자대상 국가분석 Country Identification

지구상에는 200개가 넘는 국가들이 존재한다. 해외직접투자는 이들 국가들 중에 투자기업의 특성과 조화되는 잠재시장을 찾아야 한다. 어떤 기업은 물리적 기준으로 가까운 국가를 선정하기도 하고 또 다른 기업은 심리적으로 가까운 국가를 선택하기도 한다.

물리적 기준은 한국 중소기업들의 경우 매력적인 중국시장을 선택함에 있어서도 한국과 가까운 청도 위해 등 산동성에 진출한다. 심리적 거리감은 물리적 거리의 중요성보다는 두 나라 사이의 역사(영국, 미국과 호주), 언어(프랑스와 캐나다 Quebec), 정치(중국과 북한), 이 외에도 유사한 종교, 인종, 소득 등으로 가깝게 느껴지는 국가간이다.

이 단계에서는 두 거리감뿐만 아니라 투자기업의 특성에 따라 여러 가지 기준으로 많은 국가들이 투자대상에서 배제된다.

(2) 초기분석 Preliminary Screening

초기분석에서는 국가분석에서 선정된 현지국들과 관련된 많은 자료들을 보다 명확하게 살펴보는 단계이다. 통화안정성, 환율, GDP, 외환보유고 등 경제지표를 분석하고 대상국가들의 순위를 산출한다.

또한 각 시장진출비용도 산정한다. 현지국 투자에 있어서 정부의 규제나 혜택도 산정에 포함한다. 위험도가 높은 국가에 진출을 시도할 경우 위험에 상응하는 수익률도 계산한다. 그리고 마케팅담당자들도 대상시장의 잠재성을 평가하여 심층분석대상 국가들을 선정한다.

(3) 심층분석 In-Depth Screening

심층분석 대상국가들은 일반적으로 투자가 가능한 국가들이다. 따라서 이들 국가들을 평가시에는 정확한 경제요인, 재무요인 그리고 마케팅 변수들을 살펴야 한다. 그리고 가격산정요인, 유통방법선정 그리고 현지국과의 커뮤니케이션 방법, 제품수정이나 표준화 여부뿐만 아니라 시장세분화, 목표시장선정, 포지셔닝segmentation, targeting and positioning; STP 등을 고려하여 전체시장가치를 결정한다. 끝으로 운영상의 법적 관습적 규제를 점검하고, SWOT 분석을 통하여 새로운 진출자에게 발생할 수 있는 기회나 위협도 예측한다.

(4) 최종선정 Final Selection

몇 개의 대상국가들 중에 마지막 선정단계에서는 기업의 목표에 부합하는 현지국가를 선정한다. 이 과정에서 투자기업은 현지에 이미 진출한 가까운 경쟁기업이나 다른 국내기업을 검토하여 시장진입에 필요한 비용을 보다 정확하게 산출한다. 그리고 이미 진출한 다른 국가에서의 경험을 이용하여 의사결정에 도움이 되도록 한다.

마지막 평가에서는 중점사항들에 따라 가중치를 부가하여 순위를 결정한다. 그리고 경영자들은 몇 개의 상위국가들을 실지 방문하여 생각하지 못했던 변수들을 점검하게 된다.

(5) 직접체험 Direct Experience

개인의 경험은 항상 중요하고 가치있는 일이다. 해외투자에서도 마찬가지이다. 투자예정국에 대한 경험이 없다면 경영자들은 투자 전 현지국을 방문하여 현지문화와 상관습에 관한 경험을 쌓아야 한다.

대부분 첫인상에서 현지국과 자국이나 투자하고 있는 다른 국가와의 유사점이나 차이점을 판단할 수도 있다. 그러나 경영자가 자기기준이나 관점에서 대상을 보는 것에 주의해야 한다. 지금까지의 경험은 개인으로서의 자신만의 판단도구이므로 보다 객관적으로 대상을 관찰하고 정보를 수집하여야 한다. 이를 위해서는 주관적으로 판단하기보다는 회사를 위해서 적합한 요소를 찾아야 한다.

2) 다국적기업의 전략지향성 - EPRG 모형

공학기술자이자 사회심리학자인 펄뮤터Howard V. Perlmutter는 기업이나 기관 그리고 도시에 이르기까지 여러 단체의 국제화 및 글로벌화에 관한 전문가이다. 1969년 Wharton School(University of Pennsylvania 경영대학) 교수가 된 후에는 주로 세계무대에서 다국적기업들이 어떻게 변화하는가를 예측하는데 주력하고 같은 해 EPG모형을 발표하였다.

펄뮤터의 EPG 모형은 다국적기업들의 경영활동에 있어서 주로 세 가지 지향성 중의 하나를 가지고 있다고 설명한다. 즉, 국제기업의 경영전략지향성orientations of management은 기업의 임원들이 세계시장에 대해 가지고 있는 신념이나, 무의식적 행위가 있다는 가정에서 출발한다.

그는 세 가지 지향성을 자기민족중심ethnocentric, 다중심polycentric, 세계

중심geocentric으로 나누었고, 후에 지역중심regiocentric이 전방위로 추가되어 EPRG 도표schema라 부르게 되었다.

〈표 8-1〉 EPRG 도표

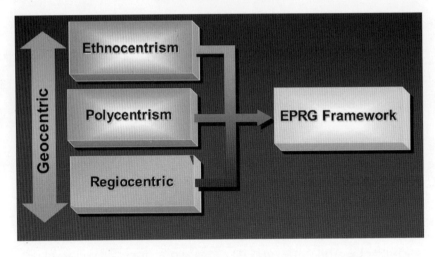

(1) 자기민족중심 경영지향 ethnocentric, 모국지향성

자기민족중심ethnocentric 경향은 자국이 뛰어나다는 믿음이나 가설에서 수행되는 경영의 지향성이다. 따라서 본사나 현지국의 경영진들도 대부분 본국출신들로 이루어져 있다. 이는 현지국의 우수인력부족을 본국에서 파견근무자로 충당할 수 있으며, 동질한 조직문화를 유지하여 어려움을 극복할 수 있다고 믿는다.

이 경향을 가진 마케터는 자국에서 성공한 제품은 해외 어디에서나 성공할 것으로 믿는다. 그러므로 자국의 상품이나 서비스, 시스템 등을 수정없이 해외로 이전하려는 경향이 있다. 또한 해외시장을 자국의 잉여생산량의 소비수단으로 생각하기 때문에 해외시장조사를 등한시하는 경우도 많다. 그러므로 해외마케팅 전략은 주로 본국에서 이루어지며 해외소비자들의 욕구나 제품수정에 대한 체계적 대응책이 없는 편이다.

(2) 다중심 경영지향 polycentric, 현지국 지향성

다중심polycentric주의는 자기민족중심과 대비되는 개념이다. 즉, 모든 국가는 각기 독특하고 서로 다른 시장을 가지고 있다는 가설이나 믿음이 있다. 따라서 하나의 통일된 문화를 이루기는 어렵다고 본다. 따라서 현지의 자회사는 각국에 설립되고 독립적으로 자유로운 마케팅 목표와 계획을 수립한다.

제품은 각 지역의 소비자 욕구를 충족하는 수정과정을 거치게 된다. 임원진들의 의사결정권한은 지역에 따라 분권화되어 있다. 단점은 본사와의 의사소통과 권력분화가 미약하여 상호간에 증대할 수 있는 시너지 효과가 줄어든다는데 있다.

(3) 지역중심과 세계중심지향경영 geocentric, 세계 지향성

이 두 경영은 각 지역이나 세계시장을 하나의 시장으로 보고 통합된 마케팅전략을 수립한다. 지역중심regiocentric은 세계중심geocentric 경영이 지역적으로 제한된 마케팅활동이다. 또한 자민족중심이나 다중심경영 요소들이 다소 포함된 경영지향성이다. 이에 비해 세계중심은 자민족중심과 다중심경영을 결합한 경영지향성이다.

이는 또한 국가라는 개념을 크게 두지 않는 경영자의 지향성이다. 필요한 임원을 채용할 때 국적은 중요한 요소가 아니다. 여기서는 제품의 표준화와 차별화의 필요성을 분석하고, 각 지역의 수요와 욕구를 반영한 글로벌 경영전략을 가지고 있다.

1979년 펄뮤터와 그의 동료 히넌David A. Heenan 교수는 EPG모형에 지역중심이라는 Regiocentric을 추가하였다. 지역중심은 다중심경향과 세계중심 사이에 위치하여 한 개 이상의 국가를 중심으로 경영지향성을 설정하는 기능적 합리성을 추구하였다. EPRG를 요약하면, 펄뮤터의 주장은 대부분 다국적기업의 경영자는 자기민족중심 지향성에서 시작하여 시간이 지남에 따라 서서히 다중심 경영지향 그리고 끝으로는 세계중심으로 변동한다는 것이다.

탐구과제

8-1. 개인적으로 관심있는 상품으로 선호하는 국가들에 직접투자를 시행하는 것으로 가정하고, 투자국 선정 5단계 중에서 4단계까지 간단하게 진행하여 보자.

8-2. 당신에게 국가라는 의미는 무엇인지, 가족보다 중요한 선택 대상인지 아닌지 자신의 생각을 정리하여 보자.

9.

해외직접투자 요인

1) 전통적 요인

흔히 다국적기업들의 해외직접투자에는 그 기업만큼 많은 요인들이 있다고 한다. 지난 수십 년 동안 국제금융시장과 투자환경의 변화로 이러한 요인들도 점차 변하게 되었다. 해외투자 그 자체가 이미 글로벌 금융 및 투자 시장에서 경쟁요소가 되었기 때문이다. 따라서 진출한 투자 또한 글로벌 경쟁환경에 적응하기 위해 경쟁적으로 변하게 되었다.

투자요인을 분석하기 전에 보통 다국적기업들은 비교적 안정적인 해외시장진출방식인 수출이나 기술계약, 경영계약 보다 해외투자를 하는 것일까? 라는 물음을 종종 던진다.

기업의 해외직접투자 이유는 산업과 국가, 현지국과 본국환경 그리고 시기별로 매우 다양한 요인을 가지고 있다. 지난 40여 년 동안 많은 학자들이 투자요인에 대해 연구하여 왔다. 그러나 어느 한 요인이나 연구가 모든 해외투자를 설명하는 일은 현실적으로 불가능하다. 다양한 국가와 기업의 환경만큼 다양한 투자요인이 존재하기 때문이다.

이러한 환경조건에서 국내로 진출하는 외국인투자에 영향을 끼치는 요소들을 살펴보면 다음과 같다.

전통적으로 가장 중요하게 여긴 투자요소는 현지의 천연자원이 풍부한가 하는 것이다. 1960년대 일본기업들의 한국투자를 살펴보면 대부분 강원도지역의 탄광 채광권이다. 이러한 투자요인은 서구 국가들도 마찬가지로 현지의 탄광에서 천연자원을 캐어가는 것을 투자목적으로 삼았다. 이러한 현상은 작년과 올해 중국의 대북한 투자에서도 찾을 수 있다. 하지만 최근까지 풍부한 천연자원보다 천연자원이 거의 없는 홍콩과 한국, 대만 등에도 투자가 집중되기도 하였다.

두 번째 전통적인 요인은 값싼 노동력이다. 이 요인은 1970년대 급속한 경제성장에 따라 인력이 부족해지면서 상승한 높은 노동비용 때문이다. 미국 유럽 일본 등 선진경제국들은 그들의 생산설비를 동남아와 아프리카 그리고 남미 등 값싼 노동력이 풍부한 곳으로 생산설비를 옮기게 된다. 이러한 현상은 당시 글로벌기업들의 거대한 자본이 동남아뿐만 아니라 최근 중국과 인디아에 몰리게 되었다.

하지만 값싼 노동비 역시 최근에는 그리 매력적인 투자요인이 아니다. 인건비가 높은 북미지역에도 해외투자가 몰리고 있고, 동남아 국가보다 생활비 및 인건비가 훨씬 높은 한국 대만 싱가포르 등지에도 꾸준히 해외투자가 들어온다. 기업들이 기술이나 혁신을 통한 실질적인 생산성에 더 가치를 두기 때문이다. 따라서 인건비가 싼 국가가 필연적으로 해외투자를 유치하지는 않게 되었다.

세 번째 전통적 요인은 현지시장규모이다. 현지의 높은 일인당국내총생산GDP per capita과 구매력으로 이루어진 거대시장은 기술에 의한 기업의 대량생산과 규모의 경제 실현 욕구와 서로 부합하기 때문이다. 이들 시장의 예로는 미국 일본 유럽이다. 1988~2000 사이 이들 국가에 직접 투자된 금액은 전세계 해외직접투자의 3/4이고, 이들이 해외로 투자한 금액은 전체의 95%에 이른다. 같은 기간 이들 국가에 유입된 투자금액은 전체의 59%, 이들 국가에서 유출된 금액은 78%이다. 2004년에는 더욱 더 증가하여 전체의 90%가 넘는 해외직접투자금액이 이들 국가에서 시행되었다. 이러한 이유로 이들 세 국가는 65,000개의 다국적기업에 850,000개의 자회사들을 전세계에 두고 있기 때문이다.

인구를 기준으로 시장을 선정한다면 방글라데시가 거대하지만 거대인구가 반드시 해외직접투자에서 매력적인 경제적 시장이 되는 것은 아니다. 낮은 1인당 소득은 낮은 구매력을 의미하고 이는 낮은 소비로 이어진다. 이러한 맥락에서 북미나 극동국가들은 큰 시장이라 할 수 있다. 이들의 높은 소득은 높은 구매력과 소비로 이어지기 때문이다. 그리고 해외투자기업들은 이들 국가들에서 경영이익을 찾게 된다.

〈표 9-1〉 미국의 해외직접투자규모

(단위: $10억)

기간 Period	직접투자유입액 FDI Inflow	직접투자유출액 FDI Outflow	순유입액 Net Inflow
1960~69	$ 42.18	$ 5.13	+ $ 37.04
1970~79	$ 122.72	$ 40.79	+ $ 81.93
1980~89	$ 206.27	$ 329.23	- $ 122.96
1990~99	$ 950.47	$ 907.34	+ $ 43.13
2000~07	$ 1,629.05	$ 1,421.31	+ $ 207.74
Total	$ 2,950.69	$ 2,703.81	+ $ 246.88

넷째, 오늘날 해외직접투자를 끌어들이는 요인 중의 하나는 정책 자유화이다. 정책 자유화에는 해외시장 진입뿐만 아니라 진출(기업의 시작과 철수), 적정한 대우, 분쟁조정, 관세장벽인하, 규제틀의 투명성 등을 포함한다. 특히 투명한 규제틀은 매력적인 지원과 깊은 관련이 있다.

다섯째, 신속한 기술발전 속도와 변화는 해외투자를 유치하는데 필연적이다. 새로운 수송수단과 신속한 물류, 최신통신수단과 정보기술은 기업으로 하여금 해외투자를 확산시키고 보다 효율적이고 순조롭게 만든다. 해외투자기업은 통상 경영에 필요한 최신기술을 갖고 진입하므로 현지국은 이에 적합한 운영이 가능하도록 인적자본과 하부구조, 공급망과 관련기관들을 갖추어야 한다.

여섯째, 낮은 거래비용transaction cost은 해외직접투자 유치에 지극히 중요하다. 거래비용은 여러 가지 비용을 의미하는데 이자율, 자금이동, 로얄티, 관세, 면허세, 등록세 그리고 뇌물도 포함한다. 종종 낮은 거래비용이 많은 직접투자를 유치한다.

일곱째, 좋은 이미지와 적극적 지원은 시장예측과 안정성, 무차별대우, 경쟁적 환경과 우호적인 정치적 지원을 의미한다. 평판이 좋은 투자이미지를 갖춘 국가는 해외투자를 끄는 모든 요소를 의미한다.

여덟째, 핵심분야에 적용되는 새로운 경영과 조직관리 기술은 해외투자를 유치하려는 국가에 큰 도움이 된다.

끝으로, 정치적 안정성은 장기적 투자환경을 예측하는 요소이다. 정치적 안정성은 안정된 직접투자제도 뿐만 아니라 낮은 위험과 투자에 대한 지속적인 수익을 보장하게 된다.

2) 일반적 투자요인

기업의 행위에 근거한 일반적인 투자요인은 전통적 요인보다 더 복잡하고 다양한 특징이 있는데 그 예들을 설명하면 다음과 같다.

〈표 9-2〉 해외직접투자요인

관련요인군	해외직접투자요인
생산	1. 원자재 확보　2. 생산의 효율성　3. 제품수명주기 연장 4. 원자재　5. 근로자 윤리　6. 현지관리자의 유용
기술	7. 지식추구　8. 숙련 근로자　9. 공정기술 10. 지적 재산권 보호　11. 소유권과 통제
재무	12. 신용도　13. 세제혜택　14. 송금의 자유 15. 노동비　16. 수익률
성장	17. 시장확대　18. 선두모방　19. 성장목적 20. 시장규모　21. 잠재시장점유율　22. 모회사의 규모
경영환경	23. 정치적 안정성　24. 무역정책　25. 무역장벽 26. 국유화　27. 하부구조　28. 문화 적응도
기타	29. 고객만족　30. 내부화

(1) 원자재 확보

원자재확보 요인은 주로 선진국에서 개발도상국이나 후진국 투자에서 많이 발생한다. 선진국 기업들이 많이 보유한 부가가치기술은 원자재의 효용면에서 개발도상국이나 후진국보다 크다고 할 수 있다. 석유, 석탄, 금속, 농장 등 기업의 제품생산에 필요한 투입요소의 충분한 양을 확보 혹은 선점하기 위하여 현지에 진출하는 행위이다. 특히 1960년대와 1970년대에는 일본과 미국 등의 국가들이 동남아와 아프리카 국가들에 대한 채광권 등 천연자원 획득을 목적으로 한 투자가 활발하였으나, 해당국들의 정신적 개화와 민족자본주의의 등장으로 투자건수가 많이 감소하였다.

(2) 생산의 효율성

투입요소에 대비한 생산성을 높이기 위해 투입요소 비용이 낮은 국가로의 진출이다. 생산의 3대요소인 자본, 기술, 노동 중에서 주로 노동비용이 낮은 국가가 그 대상이다. 한국의 신발산업이나 의류산업이 중국이나 베트남에 진출한 사례를 들 수 있다. 생산의 효율성은 선진국이나 개도국의 후진국 진출요인이다.

(3) 제품수명주기 연장

상품의 생명은 국가의 경제발전단계에 따라 다르다는 가정에서 출발한 이론이다. 선진국에서 소개된 신상품이 개도국이나 저소득국에서 소비될 때까지 소요되는 시간적 지연현상을 가정한다. 예를 들어 선진국 기업에서 생산하여 판매해 온 상품인 카세트테이프가 새로 나온 CD나 MP3에 의해 국내시장에서의 경쟁력을 잃어가고, 개도국이나 후진국시장에서는 아직 테이프가 활발하게 소비될 때 현지국에 투자하여 제품의 수명을 연장하게 된다.

(4) 원자재

원자재 확보는 많은 기업들의 중요한 투자요인에 해당한다. 특히 부가가치 창출 능력이 뛰어난 다국적기업들에게는 더욱 더 중요한 요인이다. 과거에는 이러한 목적의 투자가 비교적 수월하게 진행되어 왔으나 현재는 세계적인 천연자원의 고갈에 대한 대안으로 자원절약형 기술개발에도 집중하고 있다.

(5) 근로자 윤리

근로자들에 대해 요구되는 윤리기준은 국가에 따라 다를 수 있다. 최근 들어 경영의 글로벌화가 상당히 진척됨에 따라 국가별 윤리기준은 크게 다르지 않게 되었다. 하지만 국가별로 윤리기준을 준수하려는 노력의 정도가 다르다. 엄격한 윤리기준의 준수는 다국적기업으로 하여금 자국 시장에 진출하게 하는 요인이 된다. 일본시장에 진출한 미국기업들의 투자동기 중 하나가 근로자들의 윤리성이었다. 일본시장의 복잡한 하부구조와 높은 인건비 그리고 기타 고비용에도 불구하고 근로자의 윤리가 총이익면에서는 유리한 것으로 결론지었다고 볼 수 있다.

(6) 현지관리자의 유용

파견근무자의 가용성이 부족한 경우나 비용 등의 이유로 현지인을 관리자로 채용하는 소극적인 방법과 현지인의 장점을 높이 평가하여 현지인을 주 관리자로 채용하는 방법이 있다. 조사들에 따르면 대부분의 기업들이 현지인을 경영진으로 구성하나 일본은 그 비율이 상당히 낮은 편이다.

(7) 지식추구

주로 경쟁이 많은 산업의 기업들은 효율적 생산에 필요한 생산기술이나 경영지식을 습득하기 위해 해외로 진출을 하게 된다. 기술개발이 용이한 국가에 연구소를 설립하여 지식을 본사로 이전하는 경우도 많다. 예를 들면 일본이나 유럽기업들이 미국에 진출하여 연구활동을 하는 예이다. 지식추구형은 모든 발전단계의 국가 즉, 선진국, 개도국, 후진국 기업들이 주로 선진국에 진출하는 형태이다.

(8) 숙련 근로자

숙련 노동자는 단순노동자가 대부분을 차지하는 일부 개도국이나 저개발국에 투자를 하는 경우에 고려하는 요인이다. 개도국이나 저개발국 중에서 숙련노동자의 비율이 높은 국가는 한국과 대만, 베트남, 인디아 등 교육에 대한 열정이 높은 국가들이다.

(9) 공정기술

제조과정상에서 필요한 모든 기술을 현지로 전수하기는 매우 어렵다. 다국적기업들이나 해외투자기업들은 필요한 해당 기술의 전수만으로도 생산이 이루어질 수 있는 국가들을 투자대상으로 한다. 특히 제조기술이 없이 브랜드만으로 경영활동을 하는 기업일 수록 높은 수준의 공정기술이 매우 필요하게 된다.

(10) 지적 재산권 보호

투자국에서 활용되고 있는 여러 가지 생산기술이나 상표 등은 직접투자시 자본의 흐름과 함께 피투자국으로 이동을 한다. 현지국의 법이나 지적자산 보호에 대한 의지 등이 투자기업으로서는 관심 있는 분야일 수밖에 없다. 지적재산권보호는 기술이 많이 필요한 개발도상국에서 중요하게 다루어져야 하며, 침해의 정도가 높거나 빈번한 국가에는 수출보다 직접투자가 더 효과적인 대응이다.

(11) 소유권과 통제

현지국이나 제3국가의 기업과 합작투자를 할 경우, 기술유출이나 경영권을 방어하기 위한 의사결정권을 행사할 수 있는 비율의 자본율을 지키려고 한다. 미국의 기업들은 50% 이상을 선호하고 일본기업들은 상대적으로 낮은 비율과 대여 부채를 통제의 수단으로 사용한다.

(12) 신용도

기업의 신용도를 위해 현지에 투자를 할 수 있다. 수출에 의해 자사상품이 해외에 많이 보급된 경우, 현지 소비자에 대한 제품만족증가 목적이다. 즉, 제품의 불량에 대한 사후처리, 수리와 보수에 관한 문제 그리고 품질의 유지, 신제품 소개 등을 들 수 있다. 또한 현지기업들의 자사

제품 모방에 대처하여 소비자 만족과 관련된 여러 문제를 해결하기도 한다.

(13) 세제혜택

직접투자한 기업의 이익에 대해 일정기간 면세tax holiday나 감세tax deduction 등의 세제혜택은 매우 중요한 투자유인정책에 해당한다. 이러한 정책은 개도국이나 후진국뿐만 아니라 미국이나 영국 등 경제적 선진국에서도 외국인 투자를 유치하기 위해 빈번하게 사용되고 있다. 하지만 개도국에 진출한 기업들은 현지국의 세제를 악용하거나 수정을 요구하는 사례도 있다. 최근에는 한국에 진출한 일본계 기업들의 비윤리적인 세제 악용이 증가하여 사회적 문제가 되고 있는 실정이다.

(14) 송금의 자유

송금의 자유는 해외투자에서 발생한 이익금을 본국이나 제3투자국으로 규제나 감시없이 보낼 수 있는가 하는 문제이다. 현재는 이러한 과실송금에 대한 규제는 많이 없어졌지만, 장기적으로 피투자국과 마찰이 될 수 있는 요인이다. 다국적기업들은 국제간의 원활한 현금흐름을 위해 캐러비안Caribbean 국가들을 이용하기도 한다.

(15) 노동비

노동비는 주로 저부가가치 산업이나 노동요소의 투입이 많이 필요한 노동집약 산업에 해당하는 기업들에게 중요한 요인이다. 기술력은 낮고 상대적으로 노동력이 많이 필요한 개도국 기업들이 인구가 많은 저개발 국가에 투자하는데 있어서 고려하는 사항이다. 노동집약산업으로 신발을 예를 드는 사례가 많으나, 신발이 노동집약산업에는 해당하나 더 이상 저부가가치로 보기는 어렵다. 또한 대부분 다국적기업들이 중시하는 노동비는 직접노동비가 아니라 간접노동비이다.

(16) 수익률

해외직접투자에 대한 수익률은 투자기업에게 기본적인 고려요인이다. 투자의 이익과 위험이 함께 높은 국가에는 위험관리 능력이 뛰어난 다국적기업들의 투자가 많아진다. 반대로 낮은 혹은 낮아지는 수익률은 투자회수의 기본적인 고려요인이다.

(17) 시장확대

시장확대는 주로 현지국의 수요가 지속적이거나, 현지생산에 적합한 수요량을 나타낼 때 기업은 직접투자방식을 이용한 현지생산을 할 수 있다. 국내에서의 초과생산방식을 이용하여 수출하는 방법도 있지만 수송비나 생산비 등을 고려하여 효율적인 대안을 찾는 경우이다. 또한 현재의 수요는 미미하지만 시장을 선점할 목적으로 성장잠재력이 있는 국가에 진출하여 미래의 경쟁을 대비하는 경우이다. 시장확대는 선진국의 개발도상국 투자 혹은 개발도상국의 선진국 투자 쌍방이 가능하지만 주로 선진국들의 투자가 많다.

(18) 선두모방

경쟁이 많은 동종산업에서 한 기업이 해외진출을 하는 경우 다른 기업들이 뒤를 이어 투자를 하게 된다. 이러한 선두의 행위에 대한 모방은 최초 해외진출기업이 가지게 되는 선점요인과 경쟁력에 대한 대비책으로 볼 수 있다. 특히 선두기업이 원자재확보나 현지시장 선점의 목적을 가질 때 후발진출기업들이 많아진다. 국내시장이 소수에 의한 독과점시장이고, 그 경쟁의 정도가 한계에 다다랐을 때 새로운 시장으로의 진출은 매출액 증가와 시장점유율 선점, 경쟁의 강도 저하 등 여러 가지 장점이 있다. 한 예로 미국에서의 경쟁기업이던 펩시와 코카콜라를 들 수 있다. 펩시는 국내시장에서의 경쟁 한계와 효율성의 저하로 러시아로 진출하자, 코카콜라는 중국으로 진출하여 간접적인 경쟁을 하였다. 이는 여러 가지 다른 요인이 있지만 기업들이 시장점유율을 유지하면서 경쟁의 손실을 회피하는 방법이다.

(19) 성장목적

자국시장이 한계에 달하였거나 국내의 반독과점법으로 더 이상의 시장형성이 불가능할 때 기업은 성장의 지속을 유지하기 위해 해외시장으로 진출하게 된다. 성장목적은 일반적으로 적극적인 해외투자요인에 해당하나, 여기서는 자국의 규제가 없었다면 해외진출의지가 불투명하므로 방어적 동기에 포함된다.

(20) 시장규모

시장규모는 매출액과 직결되는 요인이다. 해외로 진출하는 기업들의 다수는 기업이나 사업부문이 성숙단계에 진입하여 국내시장이 포화상태이거나 더 이상의 성장이 어려울 때이다. 그러므로 해외시장의 규모는 진출유인으로 작용하며 적극적인 동기요인이 된다. 저개발국가의 경우에는 인구는 많지만 가처분소득이 적어 시장규모를 크다고 보기는 어렵다. 하지만 장기적 전망으로 제품시장 뿐만 아니라 해외투자기업들은 저개발국가의 서비스 산업과 성장 가능성을 중요한 투자요인으로 인식하는 예가 많다.

(21) 잠재시장점유율

잠재적 시장점유율은 시장 선점에 의해서도 크게 좌우된다. 해외투자기업들은 현재의 점유율보다 미래의 점유율을 위해 단기간의 손해를 감수하기도 한다. 잠재적 시장점유율이 투자요인으로 작용한 예는 모든 국가들의 중국투자, 미국의 한국투자, 일본의 미국 투자 등에서 쉽게 찾을 수 있다.

(22) 모회사의 규모

모회사의 규모는 다양한 능력을 암시한다. 규모가 큰 기업일수록 정보력이나 자원력이 풍부하여 해외투자 행위에 대해 중요한 예측 변수가 되고, 시장 활동에서는 결정변수가 되기도 한다.

(23) 정치적 안정성

기업들은 자국의 정치환경이 기업활동을 영위하는데 부적합한 경우 해외진출을 도모할 수 있다. 정부의 간섭이나 규제가 심하거나 혹은 비윤리적으로 공무원들이 과다한 뇌물을 요구할 때 정치적으로 안정된 국가에 투자를 하여 현지경영을 하게 된다. 1990년대 후반 정치적으로 불안감을 느낀 홍콩의 기업들이 캐나다나 미국 등으로 본사를 이전한 사례를 들 수 있다. 정치적 안정성 요인은 주로 개도국이나 후진국에서 선진국으로 투자하는 이유가 된다. 그러나 직접투자방식을 이용한 기업의 해외진출은 어느 한 요소 때문이 아니라 여러 요소가 복합적으로 작용한다. 정치적 안정성은 과거 일본의 대미투자에서도 작용하였고, 근래에는 홍콩의 중국반환으로 인한 홍콩기업들의 미국과 캐나다 투자를 들 수 있다. 하지만 홍콩에 진출하여 있던 외국인 기업들은 철수하지 않았다. 이는 당시 홍콩과 중국간의 잠재적 위험성을 암시하였다. 현재는 해외직접투자기업에 미치는 정치적 위험도는 과거보다 현저히 줄어들었다. 대부분의 정치적 요인관련 투자는 투자초기의 결정요소이며, 주로 미래의 현금흐름에 영향을 주게 되는 요인이다.

(24) 무역정책

피투자국의 무역정책에서 이론적으로는 무역에 관한 규제가 많을 때 이를 극복하기 위해 직접투자를 하게 된다. 하지만 대부분의 국가에서 WTO가 적용됨에 따라 이 요인의 중요도는 많이 감소하였다. 현재는 다국적기업들의 관심대상인 서비스 투자와 관련성이 높다.

(25) 무역장벽

무역장벽은 해당국 무역정책의 결과이다. 1980년대 일본 자동차 제조업체들이 높아진 무역장벽을 극복하기 위해 미국에 직접투자하게 되었다. 이외에도 일본 혼다 자동차의 영국진출은 부품만 일본에서 수입하고 조립은 영국에서 영국상표로 생산한 적도 있었다.

(26) 국유화

국유화는 현지국 정부가 공공의 목적으로 투자기업의 설비나 권리를 가져가고 타당한 보상을 하는 것을 말한다. 국유화는 영역 관할권에 대한 실행이다. 여기서 정부란 국가이외에도 시정부, 학교, 병원 등의 기관이 될 수도 있다. 국유화는 현지정부와의 관계에서 가장 위험도가 높은 가능성의 결과이다. 국유화의 유형으로 수용과 몰수가 있다. 수용은 피투자국의 정부가 투자기업자산을 국유화하는 대가나 보상을 지불하는 형태이고, 몰수는 보상이 없는 방법이다. 하지만 현실적으로 피국유화 기업이 받은 보상이 적절하지 않다고 느끼면 수용이 아니라 몰수라고 판단하고, 해당 정부는 수용이라고 발표하게 된다. 강제에 의한 국유화는 현재 거의 발생하지 않는다. 과거의 예를 보면 다음과 같다. 미국법의 경우에는 개인의 재산은 적절한 보상없이 공공의 목적으로 사용될 수 있다고 명시되어 있다. 소유자가 소송을 할 경우에도 공탁금이 지불되어 있는 한 소송 중 소유권은 정부에 있다. 공공의 목적을 구체적으로 예를 들면 국유화 지역에 학교, 병원, 공항, 댐, 자연보호지, 재개발, 공공주택, 공공기관 등을 건설함을 의미한다.

(27) 하부구조

해당국의 하부구조는 투자기업이 자사의 운영이외에 추가적인 부담없이 현지에서의 경영활동을 수행할 수 있음을 뜻한다. 구체적으로는 원활한 도로망, 숙련된 근로자 등과 더불어 직업윤리나 노사관계에 대한 지식 등 현지인들의 정신적 하부구조도 매우 중요하다. 일본의 경우 경제적 선진국이라 할 수 있지만 물질적 및 정신적 하부구조가 복잡하여 외국기업들에게 부정적인 편이다.

(28) 문화 적응도

대부분의 현지문화는 도착시점 6개월을 제외한 초기에는 부정적이나 그 후 후기에는 부정적 감정이 감소하고 현지문화와 생활에 적응하게 된다. 문화의 적응도는 국가 간의 문제라기보다 개인적인 경험이나 배경에서 다루어지거나 접근하게 된다. 파견관리자들이 경험하는 문화에 대한 적응도와 회송관리자들이 가지는 역문화적 충격은 심도 깊은 고려가 필요한 부분이다.

(29) 고객만족

고객만족은 신용도와 유사하나, 신용도는 자사상품과 직접적인 관련이 있는 상황이고, 고객만족은 타업종 기업의 해외진출에 대해 관련기업들이 호환성을 위해 지원투자를 하는 예이다. 예를 들면 미국의 많은 기업들이 중국에 투자를 하여 진출한 경우, 미국의 은행이나 보험회사들이 뒤따라 진출하여 이들의 경영을 지원하는 사례를 들 수 있다.

(30) 내부화

기업이 가지고 있는 경쟁우위를 해외로 이전하는 예를 들 수 있다. 이 경쟁우위요소는 그 기업만이 가지는 기업특유의 요소이어야 하고, 다른 기업에서 쉽게 모방할 수 없는 기술이나 지식을 의미한다. 예를 들어 규모의 경제나 재무측면은 다른 기업들도 가질 수 있고, 쉽게 판매되거나 모방되는 기술은 의미가 없다. 안정적인 해외투자를 위해서는 마케팅 활동, 기술개발 그리고 경영기술에서 독점적인 정보나 특허, 인적자본의 통제능력을 가진 기업이어야 한다.

9-1. 외국 다국적기업들이 한국을 직접투자국으로 선정하는데 기여한 투자 요인에는 어떤 것들이 있는지 산업별로 찾아보자.

9-2. 태평양상의 작은 섬들은 해외직접투자대상으로서 어떤 매력적인 투자 요인이 있는지 이에 적절한 산업을 찾아보자.

9-3. 다음의 사례를 읽고 당신은 박회장의 의사결정방식에 동의하는가? 장점과 단점을 각각 생각해 보자

태광실업 박연차 회장과 태광비나의 탄생

1990년 초 베트남 수도 호치민시(옛 사이공)의 한 거리, 고온다습한 동남아 기후, 다르게 표현하면 뜨거운 태양에 머리카락은 익는 것 같고 축축한 습도는 상의와 바지가 비에 젖은 것 같이 몸에 달라 붙어있다.

거리에는 매연을 뿜는 낡은 차들과 오토바이, 흙먼지들 그리고 많은 사람들의 생계수단이자 이동수단인 자전거가 지나다닌다. 그래도 한국에 비해선 매우 평화로운 거리풍경이다.

경남 김해에서 온 박연차 회장은 신발장사다. 1971년 정일산업에서 시작하여 1980년 태광실업(주)를 설립하고 세계적인 스포츠 회사인 나이키(Nike)와 ODM27) 관계에 있다. 그 동안 국내에서 신발을 제조하여 왔으나 높아가는 인건비와 환경규제, 사람들과의 시달림 등으로 새로운 공장을 찾는 중이었다.

박회장도 자전거를 빌려 시내를 둘러보며 일어나는 바람으로 젖은 몸을 시원하게 말리는 중이었다.

그 때 베트남 전통 의상인 하얀 아오자이(Ao Dai)28)를 입은

한 여자가 자전거를 타고 박회장 곁을 스치며 지나간다. 갑자기 허전함을 느낀 순간 그 여자의 발가락 두 개가 박회장의 바지주머니에서 지갑을 빼내어 가는 꿈속처럼 보이는 풍경이다.

보통사람들이 소매치기다!라고 소리치는 대신 박회장은 한 손으로 자신의 무릎을 탁 쳤다. 그리고 이렇게 말했다.

됐다!

베트남 여인들의 발솜씨가 저 정도로 섬세하면 손솜씨는 더 알아볼 것도 없다!

태광비나의 시작이었다. 현재 호치민시 인근에 위치한 이 회사는 2만 명의 근로자에 연간 1,000만족의 신발 생산설비를 갖춘 회사가 되어 있다. 나이키 전세계 매출의 약 10%, 매출액 기준 약 11%의 고가 신발을 제조 납품하는 회사이다.

---

27) **ODM** An Original Design Manufacturer is a company which designs and manufactures a product which is specified and eventually branded by another firm for sale.

28) **아오자이(Ao Dai)** 중국 청나라 시대의 치파오(旗袍)를 닮은 옆이 터진 여성치마, 아오는 옷, 자이는 길다는 뜻임.

10.
해외경영의 지리학적 접근

    국내에서 국제적 경영으로 기업 활동영역의 확대는 지리학과 필수적인 연관성을 가지고 있다. 현대의 국제경영에서는 지리학에 대한 조사나 깊은 연구가 없이 중요한 경영의 정보나 새로운 생각idea을 찾기가 어려운 현실이다.

    최근 수십 년 동안 국제경영이 발전한 만큼 지리학도 괄목할만한 성장을 하여 왔다. 과거에는 단순히 지도를 펼쳐놓고 살피던 시대였지만, 현재는 각 지역의 모든 정보를 검색하고 분석할 수 있는 과학적 지리정보체계가 갖추어져 있다. 또한 개인이 위성추적장치인 GPSGlobal Positioning System를 휴대하여 원하는 정보를 추적하는 시대가 되었다.

    과거의 지리학은 "어디where?"에 투자할 것인가라는 물음에 대해 사물의 위치와 거리가 적합하면 입지 선정의 요소가 되었다. 그러나 현재는 입지선정 후에 '왜why?' 혹은 '어떻게how'라는 의문의 제기로 어떤 천연자원이 거기에 있으며 어떻게 사용할 것인가 등의 심도 깊은 조사가 필수적이다. 또한 지리간의 연관성과 유사성을 파악할 수 있고, 시간의 경과에 따른 지리적 여건의 변화를 분석하는 일이 가능하게 되었다.

지리학은 지역별 특성에 따른 경제활동 및 국경을 넘는 물자의 흐름 그리고 거래와 관련된 정보를 제공할 수 있다. 또한 전세계 각기 다른 지역의 생산과 소비에 영향을 미치는 자연적 요인과 인적 요인을 설명할 수도 있다. 뿐만 아니라 한 지역에서 무역이나 거래가 어떻게 발전하였는가도 조사할 수 있다.

최근의 지리학은 세부적으로 1) 입지location 2) 장소place 3) 상호작용 interaction 4) 이동move 5) 지역region 분야로 설명된다.29)

1) 입지(지리학적 특성)

부동산 개발에 수십 년을 종사한 사람들의 주장에 의하면 유통의 가치는 입지location에서 발휘된다고 한다. 이 말은 국제경영에서 해외기업들이 가지는 입지立地의 중요성을 시사하는 바가 크다. 과거부터 장소에 대한 특성을 이해하고 선정하는 일은 해외경영활동을 하고자 하는 기업들에게는 매우 중요한 사항이었다.

효율적인 유통을 위해서도 기업의 자원과 현지의 시장을 고려한 전략은 역사적으로 지속되어 왔다. 페니키아인의 지중해 탐험, 마르코폴로의 중국기행, 컬럼버스의 항해 등은 세상에 대한 지식을 습득하는 일뿐만 아니라 지리적 확대를 통한 시장기회의 확대를 추구한 행위였음을 알 수 있다.

---

29) Darrell Delamaide, *The New Superregions of Europe*, New York, Dutton, A Division of Penguin Books, 1994.
Joel Garreau, *The Nine Nations of North America*, New York, Houghton Mifflin Co., 1981.

입지의 역할을 이해하기 위해서는 어떤 활동이 일어나고 있는 장소를 단순히 결정하는 것 보다 더 많은 노력이 필요하다. 지구표면 위의 한 장소를 고정하기 위해서 우리는 위도와 경도를 사용할 수 있지만 더 이상 장소와 관련된 정보는 없다.

입지에서 중요한 사항은 관련정보이다. 현대의 지리학은 지역특성과 역사적 의미를 포함하고 있다. 예를 들면 싱가포르의 관련정보는 북위 1°와 2° 사이에 있으며, 동경 104°에 위치해 있다. 주변지형은 말레이반도의 남쪽, 말라카 해협의 동쪽 끝에 위치해 있다. 그리고 인도해와 남중국해를 잇는 중요한 선적 항로상에 위치해 있다. 지난 150년 동안 이 입지는 영국무역의 중요한 기지 역할을 하였다. 1965년 독립 후 싱가포르 정부는 경제를 다각화하고, 세계로 수출하기 위한 상품을 제조하기 위해 항구와 무역체제를 정비하였다.

입지가 경영에 어떤 영향을 끼치는지를 이해하는 일은 국제경영인에게 매우 중요한 일이다. 기업의 입지와 관련된 공급자, 시장, 경쟁자에 대한 정확한 지식이 없이는 안개 속을 항해하는 항해사와 같다고 할 수 있다.

2) 장소(지질학적 특성)

장소place의 특성은 자연적인 속성과 관련이 많다. 특히 장소의 지질학적 특성은 중요한 요소이다.

천연자원

주요 광물의 존재나 에너지 자원은 장소를 가치 있는 상품의 공급지로 유망하게 할 수 있다. 한 예로 금이나 다이아몬드를 저장하고 있는 남아프리카는 다른 아프리카 국가들에 비해 경제를 유망하게 해주는 요소이다. 유사한 예로 아마존 남부 유역의 금광석은 브라질을 세계적인 수출국으로 만들었고, 칠레는 구리 수출국으로 만들었다. 또한 석탄의 저장은 미국 동부의 산업발달에 기초가 되었다. 유럽의 라인강 유역, 서부 러시아, 중국의 북동부, 사우디 아라비아 사막의 석유 등의 광물은 그 지역의 발전을 가능하게 하였다.

지형

지질학에서 지형terrain에 대한 연구를 통해 우리는 사람들이 전통적으로 낮고, 평평한 지역을 선호하여 왔음을 알 수 있다. 평지는 농업발달을 가능하게 하여 식량을 자급하며 잉여분은 거래를 통하여 교환하였다. 또한 지역간 수송과 교류를 용이하게 하는 이점이 있다.

수문학

육지에서 물의 성질이나 분포를 연구하는 수문학hydrology에서는 한 지역의 경제활동에 영향을 주는 강과 호수 등의 특성을 설명한다. 물은 농업뿐만 아니라 산업생산에도 필수적이기 때문이다. 물은 부족하지만 지역의 다른 매력이 큰 경우 로스엔젤러스Los Angeles나 라스베가스Las Vegas, 사우디 아라비아Saudi Arabia 같은 도시나 국가가 생겨나기도 하지만, 높은 집중적 강수량으로 물이 너무 많은 방글라데시Bangladesh는 빈번한 홍수로 경제발전을 어렵게 하는 요인이 되어 있다.

기후

기후climate는 또 다른 자연적인 요소로 한 지역의 경제발전에 많은 영향력을 가지고 있다. 하와이Hawaii나 캐러비안Caribbean, 호주Australia 등의 최적한 휴양지 기후는 지역경제에 원동력이 될 만큼 많은 관광객들을 유인하는 요소이다. 기후는 농작물의 생산과 더불어 산업생산에서도 중요한 요소이다. 또한 항공기 제조산업은 시험비행과 납품을 위해 주로 따뜻하고 건조한 지역을 선호하며, 우주산업이나 발전기지는 항상 맑은 하늘을 유지하는 지역이 선호된다. 한 예로 유럽우주개발기지는 기후 때문에 유럽에 위치하지 못하고, 프랑스 속령인 남미 북동부의 기아나Guiana에 있다. 기후는 경제활동기간에도 영향을 미친다. 장시간의 겨울

을 가지는 북극지역의 건설산업이 활동할 수 있는 시간은 연간 몇 개월
뿐이다.

인적특성

　장소의 인적특성human features도 산업과 연관성이 높다. 힘든 농업생산
을 이루기 위해서 많은 노동력이 필요한 것과 마찬가지로, 현대산업에서
도 근로자들의 기술과 자질은 해외투자지역을 선정하는데 중요한 변수
가 된다. 또한 도시와 전원지역의 인구이동도 주시해야 할 변수이다. 선
진국에서는 부를 이룩한 사람들을 선두로 도시에서 자연지역으로 주거
지를 이동하고, 지원시설이 뒤따라 진출하는 반면 후진국에서는 인구가
도시로 몰려드는 현상을 발견할 수 있다.

3) 상호작용

　글로벌경영 전문가들은 투자기회를 찾기 위한 장소선정에서 각 지역
의 장점을 별개로 보지 않는다. 예를 들면 금속광물 생산지라는 지질학
적 특성과 인근의 운하와의 상호작용은 독일을 세계적인 철강생산지로
발전시킴과 동시에 수출도 용이하게 할 수 있었다.

　이러한 상호작용interaction은 인간과 자연과의 조화를 강조한다. 역사적
으로 빈곤에서 벗어나 건강에 대한 관심이 높아진 국가들은 공해 산업을
다른 나라로 이전하게 하였다. 전세계의 기후를 조절하는 기능을 가진
아마존 유역의 숲과 동식물의 파괴를 막기 위해 인근의 산업을 제한하기
도 하였다. 선진국 식당이나 식품점에서는 자연의 숲을 파괴하여 건설된
목장에서 방목된 소고기의 구입을 거부한 사례도 있다.

　다른 지리적 특성과 마찬가지로 인간과 자연의 상호작용도 시간에 따
라 변하여 왔다. 기술의 발달에 의해 인간이 자연을 수정하거나 다른 여
러 가지 방법으로 자연에 적응하는 일도 빈번해졌다.

공조기aireconditioner의 개발은 인간을 열대기후에서도 효율적으로 일할 수 있게 하여, 휴스턴, 리오데자네이로, 자카르타 등 열대도시의 인구를 지속적으로 증가시켰다. 스키장에서는 인공설을 만들어 사람들이 즐길 수 있는 시간을 연장하였고, 농업기술의 발달은 농작물의 지역적 한계를 벗어나 점차 확대되고 있다.

그러나 기술의 발달은 자연에의 조절 이외에 장기적으로 여러 가지 심각한 문제를 발생시키고 있다. 과도한 관개수로 개발은 단기적으로 농작물의 생산성을 향상하였지만 지하수의 고갈을 야기하여 전지역을 황폐화하는 사례도 빈번하다. 중앙아시아의 수로변경은 기존 지역을 사막화하기도 한다.

그러므로 경영자들은 투자회수에서와 마찬가지로 지역의 천연자연을 사용한 후에는 이를 회복시킬 수 있는 방법과 비용산정에 의한 의사결정이 필요한 시기이다.

4) 이동

상호작용에서는 지역의 각기 다른 특성을 고려하여 지역간 연관된 요소를 고려하고, 효율적인 생산을 추구하였다. 이동move요소는 오늘날의 국제경영을 존재하게 하는 요소이다.

이동의 의미는 서로 다른 지역간 사람과 상품의 수송, 정보와 아이디어의 교환을 의미하기 때문이다. 다른 지역에서 쉽게 찾을 수 있는 물건을 또 다른 지역에서 아무리 많은 사람들이 원한다 하더라도 수송이 없으면 가질 수 없기 때문이다.

장소와 수송통신의 공조는 지역의 경제발전에 큰 영향을 준다. 그러므로 수송이동 경로에 있는 도시들은 비교적 풍요로운 발전을 하여 왔다.

대서양을 향해 출항하는 뉴욕항구는 뉴욕 발전의 중요한 초석이 되었고, 동아시아에서는 홍콩이 유사한 경우이다.

또한 철도의 교차지는 많은 사람들이 환차換車를 위해 몰려들면서 지역에서는 이들의 편의를 지원하기 위한 산업이 발달하게 된다. 세계적으로 발달한 도시들은 대부분 수송경로상에 있다고 해도 과언이 아니다. 수송경로상에 있는 기업은 장소에 의한 혜택을 가지고 있으나, 그렇지 않은 기업들은 종종 성장의 한계요인이 되기도 한다.

수송이 주는 혜택을 가진 장소는 그 혜택이 지속적으로 가속되는 것이 일반적이다. 뉴욕의 경우 19세기 초반 물의 수송을 위해 적합한 지역으로 출발하였으나, 이 수송경로는 기업들에게 시장접근을 향한 길이 되었고, 20세기에 들어서면서 대규모의 공항시설과 첨단정보 수송시설이 생겨났다. 런던, 모스크바, 동경 등도 이와 유사한 과정으로 발전하였다.

반면에 수송방법의 변화는 지역별로 큰 영향을 줄 수도 있다. 19세기 중반 미국의 중심도시 세인트루이스는 선박에 의한 수송을 고집하고, 철도건설을 미루다가 철도를 먼저 건설한 시카고에 산업과 인구를 빼앗겼다.

또한 수송기술의 발달로 장거리여행이 가능한 현대에는 과거 철도와 항공의 중간 기착지이던 도시들이 잊혀져가고 있다. 자동차 산업을 예로 들면 과거에는 부품공급기지나 시장에 가까운 위치에서 생산을 하였지만, 현재는 노동비나 노동자의 생산성 그리고 현지정부의 지원이 있는 곳으로 이전하고 있다.

19세기 중반 몇 달씩 걸리던 대양횡단은 현재 몇 시간으로 단축되었다. 수송 발달에 의한 시간단축은 기업으로 하여금 재고물품에 대한 재고 관리비와 인건비 그리고 선구매에 따른 금융손실을 축소하는 적시조달just-in-time체계의 도입을 가능하게 하였다.

적시조달은 생산자의 파업이나 날씨에 의한 수송지연 등의 손실요인
도 있지만, 그 발생빈도가 낮아 적시조달의 비용감소는 이러한 손실비용
을 충분히 감당한다고 보고 있다. 정보의 수송이라 불리는 통신의 발전
은 뉴욕, 런던, 동경을 상호연결하여 24시간 국제금융의 거래를 가능하
게 하였다.

5) 지역

지역region은 장소의 집합체이며 서로 같거나 각기 다른 특성을 나누어
가질 수 있는 요소이기도 하다. 상업지역은 비교적 유사한 업종이 모여
있는 곳이며, 농업지역은 농산물 생산지의 집합이다.

현대의 지역은 수송뿐만 아니라 통신에 의해서도 모여질 수 있다. 미
국의 Silicon Valley, 영국의 Western Crescent, 일본의 Technopolis
는 통신에 의해 묶어진 첨단산업개발지역이다. 동종산업끼리 모여 있는
지역은 경제활동에 도움을 주기도 한다. 19세기의 한 독일학자Johann
Heinrich von Thunen는 같은 상품들의 이동과 다른 상품들의 이동에서 발
생하는 수송비용을 비교하여 발표한 적이 있다.

현재에도 각국의 정부는 국제경영 환경에 큰 영향을 줄 수 있다. 또한
기업의 경제활동범위는 국경선의 영향으로 제한되기도 한다. 그러나 지
도의 국경선을 따라 경제활동이 달라졌던 시기에서 지금은 유럽과 북미
의 공동시장이나 자유무역지대 협정 등으로 국경을 넘는 공동 지역체에
서 경제활동이 활발해지고 있다. 이러한 현상은 과거 국제경영자들이 국
경을 기준으로 그 안에서 시장과 기회를 추구하던 것이 이제는 국가별보
다 더 큰 지역별 경영을 추구할 수 있게 되었다.

영국, 네덜란드, 프랑스, 미국 등의 속령이 무수한 섬의 형태로 모여있
는 캐러비안Caribbean도 경영자들에게는 하나의 통합된 지역으로 간주되

어 관광과 지원산업의 투자가 시행되고 있다. 미국에서는 이 지역 출신 이민자들을 채용하여 현지경영에 투입하기도 한다.

탐구과제

10-1. 본문의 내용을 참조하여 당신이 관심있는 상품을 생산하기 위해 현지국 입지선정을 한다면 가장 고려하고자 하는 요소들은 무엇인가?

10-2. 세계지도를 보며 전혀 생각하지도 못하였던 작은 지역을 확대하여 그 지역의 특성에 대하여 자료를 찾아 발표해 보자.(예를 들면 호주의 Tasmania)

11.
해외투자의 회수와 철수

해외진출기업들의 투자회수Foreign Divestment; 일본명 '撤退'에 관한 연구는 1969년에 발표된 일명 Harvard 연구Vaupel & Curhan로 시작되었다. 이어서 1975년 Torneden의 연구가 뉴질랜드에서 발표되었다.

후자의 연구에서는 기업들의 투자회수요인으로 진출기업의 규모를 가장 큰 요인으로 조사하였는데, 1967~1971년 사이에 투자회수를 실시한 561개의 기업들을 조사한 결과 74%인 415개 기업들의 매출액이 천만 불 이하로 밝혀졌다. 이 연구에서는 매출액만을 기업규모 측정변수로 선정하는 취약점을 내포하였지만, 기업규모가 작을수록 현지에서 생존하는데 있어서 취약한 요인으로 작용한다는 사실을 발표하였다.

그 후 약 20년 뒤인 1985~1990년에 발생한 투자회수사례를 조사한 Hamilton과 Chow(1993)의 연구에서는 Torneden(1975)의 연구와는 상반되는 결과를 나타내었다. 이 연구에서는 투자지속기업보다 투자기업의 규모가 크고 고성장하는 기업일수록 회수건수가 더 많이 발생한다고 조사하였다.

그리고 투자회수의 가장 큰 요인으로 매력적인 투자처로의 투자자산 이동을 통한 자본배치의 최적화를 들었다. 하지만 대부분의 경우 이동 배치되는 자본의 규모는 진출기업 총 자산의 10% 이내에서 이루어진다고 설명하고 있다.

Wilson(1980)은 가설검증을 통해 5개 변수를 포함하는 투자회수 연구모형을 발표하였다. 이 모형에서는 해외진출기업의 투자회수확율은 기대미래현금흐름, 할인율, 본사와 자회사간의 의존도, 특정자산의 수준 그리고 경영목표의 충돌의 함수관계로 정의한 바 있다.

Dunning(1988)은 진출기업소유의 기술 등 경쟁우위요소가 피투자국의 국내기업보다 열위가 될 때 주로 투자회수가 발생한다고 주장하였다. 이 주장은 앞에서 서술한 Hamilton과 Chow의 연구(1993)에서 지지되었다. 이 연구에서는 현지국의 법규변화에 따른 경쟁우위의 변화 그리고 관세의 제거에 의한 경쟁우위의 변화 변수들이 8개의 투자회수요인 중 각각 3위와 4위로 조사되었다.

미국 다국적기업들의 한국투자와 회수요인을 세부적으로 조사한 Kim과 Shin(1995)의 연구에서는 신규투자의 경우 한국의 성장잠재성과 시장규모를 중요 요인으로 선택한데 반해 투자회수기업들은 한국의 지적재산권 보호미비와 기업의 자본비용에 해당하는 당시의 높은 이자율을 최대의 철수요인으로 선정하였다.

또한 무역업을 대상으로 한국에서 투자를 지속하는 기업들과 회수하는 기업들의 재무측면을 비교 분석한 연구(Shin, 2000)에서는 투자기간보다는 소유지분율과 자본금 규모에서 차이를 보였다. 즉, 소유지분율이 높고, 자본금 규모가 큰 기업들의 투자회수율이 높아 Hamilton과 Chow(1993)의 연구를 자본금 측면에서 지지하게 된다.

제조업을 대상으로 노르웨이 기업들의 투자회수 실태를 조사한 연구 (Benito, 1997)에서는 회수요인이 크게 두 가지로 정리된다. 첫째는 투자기간변수로 투자기업들의 절반 이상이 10년 이내에 투자회수를 하였고, 두 번째는 현지국의 경제성장률로서 투자회수와 역逆의 상관관계를 가지고 있음이 밝혀졌다. 그리고 이때에는 greenfield 투자를 한 기업보다 M&A를 통해 현지기업을 인수한 기업들의 투자회수율이 통계적으로 유의한 높이를 나타내었다.

기진출기업의 투자회수에 대해 Torneden(1975)은 통제가능하고 활동적인 해외경영기업에 대한 소유지분의 감소로 정의하였다. Hood와 Young (1979) 또한 이 관점에서 투자회수를 정의하였는데 특히 개발도상국 진출의 경우 현지국과의 관계에서 발생한다고 하였다. 이 연구에서는 가장 큰 요인으로 소유지분의 변화를 들었고, 그 다음으로 현재는 거의 발생하지 않는 몰수confiscation, 수용expropriation 그리고 국유화nationalization, 자산의 매각, 청산 그리고 현지국의 경제침체를 요인으로 들었다. 그리고 이 경우 투자회수행위는 현지국과 정치적으로 민감한 쟁점issue이 되기도 한다고 부언하였다.

특히 개도국에서 발생하는 투자회수의 영향에 대해 Dunning(1981)은 실업율 증가, 단기적 유동성 부족 그리고 투자회수기업에 대해서는 현지국과의 관계 재구축 비용이 발생한다고 예측하였다. 또한 해외직접투자가 위험과 비용을 초과하는 수익을 예상할 때 발생하듯이 새로운 투자국의 예상 수익률이 기 진출 투자의 수익률을 초과할 때 발생한다고 추정하였다. 이때 발생하는 거래비용에 관해서는 추후의 연구가 필요함을 설명함으로서 또 다른 투자회수요인의 변수가 발생할 수 있음을 시사하였다.

11-1. 도서관을 방문하여 아래 자료와 유사한 다국적기업들의 투자철수 혹은 회수에 관한 국내외 논문들을 찾아 읽어보고 간단히 정리하여 발표해 보자.

〈자료 11-1〉 한국기업의 해외투자 철수에 관한 연구의 예

foreign divestment factors in South Korea: An analysis of the trading sector, The

by Shin, Sang-Heun

This paper analyzes the factors affecting foreign divestment from the trading sector in South Korea. Data are collected from the Korean Ministry of Finance and 378 companies are analyzed which have invested in or divested from South Korea. The results are tested by T--tests and modeled by a logistic regression statistic method with special references to capital amount, investment amount, investment country, investment years, and ownership ratio variables.

INTRODUCTION

Most of the DFI(Direct Foreign Investment) research for past four decades has focused on the determinants of firms initial investment in foreign countries. However, with the changing business environments in the activities of DFI, many multinationals have increased, maintained, decreased, or divested their dollar amount of investment in existing host countries. This study will focus on the factors that affect foreign companies' behavior regarding the changes in investment position in South Korea, which continue economic growth after recent economic crisis. To date, very few studies have taken a look at what might influence whether foreign subsidiaries are divested or not (Benito, 1997). The findings of this research may be useful for the countries which shows high divestment rate and DFI policy makers to forecast the foreign companies' behavior.

REVIEW OF THE DFI AND FOREIGN DIVESTMENT VARIABLE LITERATURE

11-2. 다음 기사를 읽고 한국기업과 중국정부의 입장을 각각 적극적으로
지지할 논리를 찾아 자신의 의견을 발표해 보자.

中 난징의 변심 "금호타이어 공장 나가라"

금호타이어가 중국 난징(南京) 시의 친환경 정책에 따라 공장
을 이전해야 하는 상황에 처했다. 5일 금호타이어에 따르면
난징 시는 관내 173개 기업을 고오염, 고에너지소비, 고온실
가스배출, 저효율, 저생산 등 '3고2저(3高2低)'에 따른 생산정
지 대상 기업으로 선정했으며 이 가운데 금호타이어가 포함
됐다.

173개 기업은 이른 시일 안에 다른 지역으로 공장을 이전하
거나 난징공장의 생산을 중단해야 한다. 이들 회사 가운데는
다른 다국적기업과 국유 기업 등 대기업도 상당수 포함 있는
것으로 전해졌다.

금호타이어 측은 "난징 시에서는 2012년 말까지 공장 이전을
요구하는 반면 우리 회사에서는 단계적 이전 계획을 세우고
기한을 2014년까지 연장해 달라고 요청해 놓은 상황"이라고
설명했다. 이어 "중국 언론은 금호타이어 난징공장의 조업이
중단된 상태라고 보도했으나 이는 사실이 아니다"라고 덧붙
였다.

금호타이어에 따르면 금호타이어가 난징공장을 세우던 1990
년대 중반 난징 시는 외국계 기업 유치를 위해 세제 혜택 등
을 제시했으나 이후 도시화가 진행되면서 난징공장이 속한
현재의 산업단지가 주거, 상업단지로 바뀜에 따라 주거환경
개선을 위해 2년여 전부터 공장 이전 문제를 거론하기 시작
했다. 난징 시는 3월 양웨이쩌(楊韋澤) 시 서기가 새로 부임하
며 환경오염 기업에 대한 단속을 강화하고 있다. 금호타이어
측은 난징 시가 173개 기업에 대해 공장을 이전하거나 생산
을 중지하는 것과 관련해 어떤 보상을 해줄지 구체적인 논의
가 이루어지지 않았으며 관련 정보도 전달받지 못했다고 밝
혔다.

금호타이어 난징공장은 연간 타이어 생산량이 1,500만 개로 금호타이어의 톈진(天津), 창춘(長春)공장 등 중국 내 3개 공장 가운데 규모가 가장 크다. 금호타이어 관계자는 "현재 난징 시의 친환경 정책에 부응해 공장 이전 계획을 제출하고 관련 내용을 협의 중인데, 3고2저 기업 리스트에 포함시켜 일방적으로 발표한 것은 유감"이라고 전했다.

한편 난징 시는 173개 기업이 이전하거나 생산을 정지함으로써 줄어드는 일자리 및 경제성장률을 보완하기 위해 과학기술과 서비스 등의 업종을 유치할 계획인 것으로 알려졌다.

_ 동아일보, 2011.07.06

12.
다국적기업의 인사관리

1) 근로자와의 충돌 관리와 관리자에 대한 인식변화

충돌가능 영역

다국적기업 인사관리의 성패는 현지문화에 대한 이해도와 밀접한 관계가 있다. 인사관리상의 충돌은 대부분 문화의 충돌에서 비롯되는 예가 많다. 특히 현지 임원진을 제외한 다수 근로자들과의 충돌은 문화차이를 이해하지 못한 이유에서 주로 발생한다. 노사간에 충돌이 발생할 수 있는 영역은 다음 〈표 12-1〉과 같다.

〈표 12-1〉 문화적 개념의 차이와 충돌 영역

시간에 대한 개념	전통적 시간관념 현대적 시간관념
공간에 대한 개념	개인의 영역 공동의 영역

일에 대한 개념	수입과 행복의 수단 노예의 역할 종교적 개념
관계 대한 개념	수직적 관계로 인식 수평적 관계로 인식 사선적 관계로 인식
성취에 대한 개념	물질적 축적이 중요 정신적 안정이 중요 윤리적 기준이 중요
성 역할에 대한 개념	남자 일에 대한 개념 여자 일에 대한 개념
나이에 대한 개념	수직적 개념 수평적 개념

관리자에 대한 인식변화

글로벌 경영이 요구하는 관리자의 역할은 급속한 시장변화와 관리시장 영역의 확대, 거대한 규모의 정보로 인해 전통적 경영자의 역할과 인식이 변하는 추세이다.

〈표 12-2〉 글로벌 관리자에 대한 인식과 역할 변화

현재	미래
모두 알고 있음 —	— 지속적으로 배움
국내 시각 —	— 세계적 시각
과거로부터 미래 예측 —	— 미래를 직시
개인 관리 —	— 개인과 기업을 동시에 관리
자기 시각 —	— 시각을 빌림
힘을 사용함 —	— 힘을 제공함
목적과 방법을 지시 —	— 과정을 명시함
정상에 혼자 활동함 —	— 경영진의 일부
질서에 가치를 둠 —	— 토론이나 혼란을 수용
단일 언어 사용 —	— 다 문화적
주주나 이사회의 신임을 중시 —	— 주주 고객 근로자를 중시

2) 현지인사관리와 통제방법

본국의 최고경영자나 의사결정자들이 현지국에 파견된 파견근로자나 현지에서 채용된 관리자들의 효율적인 경영업무를 위해서 권한을 부여하고 책임과 임무를 조정하는 일련의 수단을 통제라 할 수 있다.

〈표 12-3〉에 나타난 통제방법 이외에도 경영자의 특성에 따라 다양하고 독특한 방법으로 현지와의 커뮤니케이션을 통한 경영상의 일들을 통제할 수 있다.

〈표 12-3〉통제의 종류와 구체적 통제방법

통제의 분류	통 제 방 법
직접통제 direct control	대면 face-to-face 전화 call 국지적 국제회의 regional meeting 비정기보고서 irregular report 방문 visits 감독파견 staffing
간접통제 indirect control	정기적 구두 보고 regular oral report 월별 재무제표 보고 report Financial Statement monthly
통제내용 control issue	재무조정통제 financial controls 주요문제 major problems 일반경영지침 general guidance

3) 관리자 현지선발기준과 국적

자국인 파견 expatriates, home country nationals

파견에서 발생하는 높은 임금과 비용에도 불구하고 자국인을 투자국의 관리자로 파견하는 이유는 다양하지만 거의 대부분 중요한 책임과 의무가 내포되어 있다. 자국인의 파견 상황을 예로 들면 현지경영이 초기 단계이거나 기술자가 필요한 경우, 책임감이 필요한 사업의 진출, 협동과 통제의 문제, 인종문제 혹은 외국인이 이미지가 필요한 사업 등이다. 하지만 현지경영에서 중요도가 같은 사업이라 할지라도 자국인과 현지인에 대한 신뢰도에 따라서 파견에 대한 의사결정이 달라진다. 예를 들어 책임이 필요한 사업일수록 현지인을 더 신뢰한다면 현지인을 채용하게 되는 것이다.

이론적인 자국인 관리자 파견 이유 이외에 이러한 심리적인 판단이나 편견, 고정관념 등이 원인으로 작용하여 파견인의 국적을 결정하는 사례[30]를 서구와 일본을 비교하여 보면 다음의 표와 같다.

〈표 12-4〉 파견 인적 자원의 국적선정

파견국(본국) home country	현지국(피투자국) host country	파견자 국적 expatriates nationality
유럽과 미국	선진국 개발도상국 저개발국	현지인 본국인 → 현지인 본국인
일본	선진국 개발도상국 저개발국	본국인 본국인 본국인

---

30) Tung, R. and E. Miller, "Managing in the twenty-first century: The need for global orientation," *Management International Review*, Vil. 30, 1990: 5-18.

현지인 채용 host country nationals

현지인을 관리자로 채용하는 사례는 일반적이다. 대부분 국가들의 글로벌 경영에서 자국민의 비율보다 현지인 관리자의 비율이 높게 나타난다. 현지인이 여러 조건에서 선호되는 이유도 있지만 남미 국가 등 어떤 피투자국에서는 자국민을 일정비율로 채용하기를 규정하기도 한다. 또한 문화적으로 외국인이 높은 지위에 있을 수 없다는 전통이 있는 국가도 있다. 일반적으로 현지인을 관리자로 채용하는 이유는 현지와의 문화 충돌위험이 크게 감소하게 되며, 언어에서 발생하는 실수나 오해, 계약 서류 상의 오역위험 등이 감소하기 때문이다. 또한 투자기업과 현지인과의 우호적인 관계개선에 결정적인 역할을 하는 장점이 있다. 현지인 채용에서 예상되는 일반적 단점의 예는 다음과 같다.

- 낮은 통제가능성
- 높은 이직율
- 도덕적 해이
- 미래의 경쟁자
- 본국과의 충돌
- 본국인과의 화합
- 상대적으로 낮은 책임감과 의무감
- 정보 유출

한국기업들의 해외투자에서는 현지법인의 최고경영자CEO는 현지인으로 채용하며, 두 사람으로 구성된 부사장vice-president은 각각 본국 파견인과 현지인으로 채용하는 사례가 많다. 경영의 일반적 관리보다 정치면이나 경제면 등은 최고경영자의 업무영역이며, 현지인 부사장은 기업 내의 노사관계 등 인적관련 부분을 책임지게 된다. 그리고 파견된 한국인 부사장은 재무담당이사Chief Financial Officer, CFO로서 기업의 재무나 회계 등의 분야에서 실질적인 내부관리를 하게 된다.

제3국인 채용 third country nationals

투자국 국적의 관리자와 피투자국 국적의 관리자가 아닌 제3국인을 현지 관리자로 채용하는 이유는 국가와 피투자지역의 특성에 따라 다르다. 일반적인 이유는 투자 초기에 기업을 정상으로 이끌기 위해 필요한 전문인력인 기술자나 유능한 경영자 등이 채용된다.

하지만 이러한 이유에서의 채용은 계약기간이 짧기 때문에 단기간에 교체되는 예가 많다. 그 다음으로 큰 이유는 현지기업이 기술적으로나 경영상으로 어려움에 처하여 해당 전문가가 필요한 때이다. 이러한 때에도 고용기간은 길지 않다.

제3국인을 관리자로 채용하는 이유에 대해 아시아국 기업인들은 제3국인의 채용이유에 의문을 품게 되나 유럽인들은 제3국인을 공정한 채용에서 제외시키는 이유에 대해 의문을 품게 된다. 이에 대해 다른 수많은 이유가 존재하지만, 큰 이유로는 자국문화나 환경의 영향으로 국경의 의미를 높게 평가하거나 혹은 무의미하게 평가하는 자국 내의 관습 때문이다.

예를 들면 국경의 의미를 매우 중요하게 생각하는 일본은 글로벌 경영에서 제3국인을 거의 채용하지 않는 것으로 나타나 있으나, 대부분의 유럽국가들은 제3국인들을 항상 채용하고 있다. 글로벌 경영시대에서 제3국인의 의미는 법적 국경의 의미보다 문화적 국경의 의미로 판단하는 것이 경영실패의 확률을 낮추는 방법이 된다.

4) 파견관리자의 선발기준

파견관리자가 담당하게 되는 직위는 최고경영자CEO, Chief Executive Officier, 재무담당이사CFO, Chief Financial Officier나 마케팅담당이사CMO, Chief Marketing Officier 등 부서별 부서장functional head이 되며, 이외에도 문제 해결사trouble shooter, 운영자operative, 기술자technician 등이 동반 파견되기도 한다.

파견자의 선발기준은 가능한 모든 사항을 정밀하게 관찰한 후에 결정하여야 한다. 과거 수십 년 동안의 파견 결과를 보면 파견자의 업무능력이나 기술을 기준으로 선발한 미국은 파견자들의 실패율이 높았다.

반면에 파견자의 성격이나 친화력 등 업무외의 요소도 고려한 일본인 파견자들의 성공률이 더 높게 나타난다. 그러므로 문화와 환경이 다를수록 관리자 파견은 업무능력만 고려하기보다는 전반적인 사항들을 점검해야 한다. 여기서 파견자들에 대해 점검하고 선발하는 기준의 예는 다음과 같다.

문화 적응력 adaptability to cultural change

파견 후 현지문화에 대한 적응도는 기초적 언어능력, 긍정적 평가, 문제해결능력, 유연성 등의 개인적 특성과 비례한다. 인구통계변수를 기준으로 보면 보통 남자가 여자보다, 35세 이상이 이하보다, 적응력이 높다고 할 수 있다.

대부분 사람들은 현지에 대한 만족도가 높은데 저개발국보다는 선진국으로의 파견이 만족도를 높이는 요인이 된다. 하지만 어느 지역이나 평균적으로 초기 6개월은 문화충격culture shock으로 인해 파견자들의 현지 만족도가 감소하는 시기이다.

물리적 정신적 건강도 physical & emotional health

물리적 정신적 건강도는 문화적 충격을 통제하는 힘이 된다. 하지만 통제의 힘에만 의지하기 보다는 파견자를 선발할 경우에는 현지국의 환경과 성장배경 및 환경이 유사한 파견자를 배치하는 일도 중요하다.

예를 들어 도시가 성장배경이면 도시로, 사막에의 파견은 사막출신, 해양산업은 바다출신이 그렇지 않은 사람보다 상대적으로 적응력이 높은 것으로 나타난다. 중동에 있는 미 석유회사에로의 파견근무는 텍사스 Texas 출신이 많은 것으로 알려져 있다.

나이 경험 교육 age, experience, education

파견자의 나이는 단순하게 경험의 축적을 예측하는 지표가 아니라 환경으로 평가하는 기준이 된다. 즉 50세가 30세 보다 경험이 많을 것이라는 가정에 대한 초점보다는 50세의 가장은 대부분 자녀들이 성장하였으므로 가정에 대한 부담이 적다.

또한 배우자와의 관련성은 다시 증가하는 시기이며, 소득이 안정되어 업무에 충실할 수 있는 파견 대상자로 판단한다 등이다. 파견자는 나이와 경험 그리고 교육이 조화를 이루어야 한다. 그리고 현대의 정보관리 시대와 창의력이 필요한 시대에는 교육수준이 중요하다거나, 나이가 항상 경험과 비례한다고 볼 수는 없다.

파견지원 동기 motivation

해외파견은 경영진의 지시에 의해 이루어질 수도 있으나 잠재적인 부작용으로 인해 지원자를 선발하는 방법이 현지경영에 효율적이다. 지원동기는 지원자들의 심리를 반영하는 중요한 선발기준이 된다.

다음의 표에서 왼쪽의 지원목적은 긍정적으로 평가되며 오른쪽의 항목들은 부정적으로 평가된다.

〈표 12-5〉 해외근무목적의 예

자기개발	인정기회
모험훈련	승진가능성
자치능력	수입증가

배우자와 자녀 spouses & dependents

배우자와 자녀는 파견자의 환경이다. 배우자와 자녀들이 현지환경에 적응을 할 수 없거나 생활할 수 없는 다른 이유가 있다면 파견자도 현지에서의 업무를 수행할 수 없다.

배우자와 자녀 요인이 파견자가 실패하는 가장 큰 이유로 간주된다. 그러므로 파견전 가족에 대해 적응시험adaptability screening을 실시하여 스트레스stress 관리능력, 가족간의 결집도, 새 문화에 대한 적응도 등을 측정한다.

5) 문화충격 적응단계

같은 환경일지라도 현지에서의 적응능력이 뛰어난 파견자는 문화충격이 무의미하게 느껴질 수 있지만, 적응에 실패한 파견자가 느끼는 문화의 이질감이나 충격은 매우 크다. 이와 같이 같은 환경일지라도 그 충격은 개인에 따라 크기나 기간이 다르다.

여기서 문화충격에 대한 관리방법 단계를 보면 다음과 같다.[31]

초기 쾌감 initial euphoria

초기 쾌감은 선발되었다는 기쁨과 현지에 대한 기대 그리고 거주자가 아니라 방문자로서의 새로운 경험을 즐기며 관광 및 관망을 하는 단계이다.

짜증과 적대감 irritation and hostility

초기의 쾌감은 지나고, 기대되거나 예상한 행위가 현실로 다르게 나타나는 단계이다. 예를 들면 현지와의 문화차이나 복잡함으로 인해 약속시간이 늦어지는 경우를 들 수 있다.

적응 adjustment

현지상황이나 문화를 어려움 없이 수용하며, 예외적인 경우에는 지나치게 현지민화되어 본사의 비난을 받게 되는 단계이다.

재적응 reentry

본국으로 귀국한 후 파견기간 동안 달라진 환경에 적응하는 단계다. 파견자들의 귀환 후 재적응문제는 파견절차보다 더 복잡할 수도 있다.

---

31) L. Robert Kohls, Survival kit for overseas living, Intercultural press, 1979: 62-68.

6) 귀국 파견자 관리 repatriation of expatriates

현지경영에 파견된 관리자들은 대부분 5년 이내에 다시 귀환하게 된다. 그 이유는 현지체류가 장기화될 경우에는 파견자뿐만 아니라 가족들도 현지화되는 문제가 발생한다. 현지화는 본국의 이익보다 현지국의 이익을 우선하거나 모기업의 입장을 대변하지 않는 등 현지인 관리자들과 유사한 행위를 나타내는 모순점이 있다.

귀국사유

- 계약만료나 협의 agreement
- 자녀교육 children education
- 가족불만 not happy, spouse or children
- 업무수행 실패 failure to do a good job

재적응 문제

파견관리자가 해외 관리자로서의 업무를 수행한 후 본사에 복직을 하게 되는 상황에서는 여러 가지 어려움이 나타난다. 파견자들의 본사 및 본국에 대한 재적응기간은 보통 6개월에서 1년으로 보고 있다. 회송 후 나타날 수 있는 잠재된 문제들의 예는 다음과 같다.

- 경험의 평가절하와 무료함 등에 기인한 재진입상의 문제
  reentry problems of experience, boring
- 나의 존재를 망각한 본사 구성원 "out of sight, out of mind" syndrome
- 조직의 변화 organizational change
- 모회사의 뛰어난 기술 technical advances in the parent
- 급여와 상여금의 감소 salary and fringe benefits
- 단기적 재정 문제 short-term financial problems
- 자녀의 교육과 학교적응 children in school
- 현지생활에 대한 향수 miss the cultural lifestyle

12-1. 〈표 12-3〉에 나타난 통제방법 이외에 어떤 또 다른 좋은 방법이 있는지 생각하거나 자료를 찾아서 발표해 보자. 그 방법의 장점과 부작용도 함께 찾아보자.

12-2. 본인이나 지인이 외국을 방문하였을 때 느끼는 문화적 충격에는 어떤 것이 있는지 상상하거나 경험을 발표하자. 또 현지적응을 극복한 방법도 함께 알려주자.

12-3. 본인이나 주위에 외국에서 오랫동안(혹은 단기간) 체류 후 귀국한 사람들의 재적응에의 어려움을 찾아서 나열하자. 그리고 재적응 방법도 함께 발표하자.

13.
정치적 환경

글로벌 경영과 정치적 환경은 어느 한 국가나 그 국가와 관련된 국제적인 정치요소가 해외경영 활동에 영향을 가짐을 의미한다. 일반적으로 정치적 · 법적 환경은 기업의 외부요인으로 통제불능요소로 인식되고 있다.

그러므로 기업들이 이러한 외부환경에 효과적으로 대처하기 위해서는 정치나 법과 관련된 요소들을 분석하고 예측하여야 한다. 이 장에서는 기업들의 정치적 환경요소를 분석하기 위해 현지국 환경과 대처 방안을 설명하였다.

1) 현지국 환경

현지국민들의 시각에서 글로벌기업은 고객이다. 현지에 투자한 글로벌기업들은 손님으로서의 위치를 조정하며, 현지 정부나 민족주의 등 현지관련 사항에 대해 많은 관심을 가지고 대처해야 할 필요가 있다. 특히 해외 마케터는 현지국의 이해관계사항과 현지 마케팅 활동이 무리가 없는지 혹은 얼마나 적절하게 조화되고 있는가를 확인해야 한다. 비록 많은 국가들이 각기 다른 자국의 목표를 가지고 있지만, 여러 가지 공통되는 목표도 존재한다.

일반적으로 민족주의와 애국심은 대부분 국민들이 국가에 대해 갖고 있는 마음가짐이다. 그러므로 국가는 국경일을 정하여 기념하고, 또한 국가의 주권을 강화하려는 성향이 있다. 이러한 환경적 요인에서 현지진출기업들은 현지국에 위협으로 느껴지기도 하고, 때때로 정부를 자극하는 사례도 발생한다. 1995년 대만총통이 미국을 방문한 사안에 대해 중국정부는 이를 주권에 대한 도전으로 간주하여 중국에서의 사업권을 미국기업들 대신 유럽기업들에게 넘긴 적이 있다.

또한 대부분의 현지국들은 자국의 안보를 스스로 지키려고 한다. 그러므로 해외기업들의 안보산업진출, 예를 들면 국방, 통신, 천연자원에의 진출을 꺼려하게 된다. 공통적인 부분으로 현지국들은 경제적인 부를 강화하려고 노력한다. 이러한 목적은 현지정부가 국내진출 해외기업들에게 자국민 고용과 수입의 증가를 요구하여 부분적으로 달성하게 된다.

〈표 13-1〉 정치적 위험의 종류

위험의 종류	대상 분야
소유위험(ownership risk)	재산과 기업생명
운영위험(operating risk)	지속적 경영
이전위험(transfer risk)	환전, 송금

2) 현지국 통제

현지정부는 통제를 통해 진출기업의 경영활동을 제한하고, 자국의 국익과 부합하는 행위로 유도한다. 통제는 시장진입 이전단계부터 시작되어 현지의 경영활동 단계까지 이어진다. 현지정부의 통제요소를 열거하면 다음과 같다.

진입제한

국유 기업과 같은 산업이나 정부가 육성하는 기간 산업과 유사하거나 같은 산업에 진출하고자 하는 기업들은 진출이 불가능하거나 현지국 정부가 자국법인과의 합작Joint Venture 형태의 투자를 선호하게 된다. 대부분의 국가에서는 명시된 산업 이외에는 자유로이 투자할 수 있는 네거티브 체제negative system를 사용하고 있다.

가격통제

가격을 통제하는 국가는 대부분 물가 상승률inflation이 높아서 모든 상품에 대해 가격의 인상을 통제하게 된다. 제한적 가격인상은 투자기업의 수익률 감소와 직결되며, 제한된 가격은 가격과 조화를 위해 다른 마케팅 4P 전략도 수정하게 된다.

할당제도와 관세

할당제도와 관세quotas and tariffs는 원활한 물류흐름을 방해하는 요인이 되어 비용을 증가시키는 결과를 가져온다. 예를 들면 현지에서의 판매활동과 생산에 필요한 원자재 수입의 한계로 이어져 경영활동의 저하뿐만 아니라 경쟁력을 잃게 되는 위험이 있다.

외환통제

외환에 대한 통제는 급격한 환율의 변동이 예상되거나 자국의 외환 보유고가 낮을 때 국가가 국내 기업에 환전의 우선권을 주거나 환전량의 제한을 둘 수 있다. 외환 통제는 기업의 현금흐름을 경색하게 하여 신용도가 낮아지거나 지불불능이 되어 현지투자 기업들에게 매우 어려운 제재가 될 수 있다.

국유화

국유화nationalization는 현지국가가 활용하는 최후의 마지막 방법으로 가장 강력한 통제수단이다. 국유화는 이론적으로 보상이 이루어지는 수용expropriation과 보상이 없는 몰수confiscation 등으로 나눌 수 있으나 현재는 거의 발생하지 않고 있다.

3) 정치적 위험 노출 요소

토러와 넥커Jose de la Torre and David H. Neckar (1990)가 발표한 정치적 위험에의 노출가능 요소32)들은 다음의 〈표 13-2〉와 같다. 현지국 정부는 적절한 보상의 대가로 국유화를 주장하나, 적절한 보상은 해당기업이 만족하지 못할 경우 몰수나 강탈로 주장하기도 한다.

---

32) Jose de la Torre and David H. Neckar, "Forecasting Poitical Risks for International Operations", in H. Vermon-Wortzel and L. Wortzel, *Global Strategic Management: The Essentials*, 2nd ed., John Wiley and Sons, New York, 1990, p. 195.

<표 13-2> 정치적 위험 노출가능 요소

	손실의 결과	
	정부기관의 합법적 행위	정부의 통제외적 요인
적절한 보상이 없는 자산의 손실	몰수 강요된 박탈 약정의 취소나 불평등 전부 혹은 부분적 국유화	전쟁 혁명 테러 분규 강탈
장기적 관점에서의 이익감소	화폐나 송금의 제한 국가차원의 대우 부재 부가가치나 수출 요구 생산량 가격 활동 통제 재무 노동 자재시장 접근통제	국수주의 구매자 공급자 적대집단의 위협방해 외부발생 재무적 제한 외부발생 수출입 제한

4) 위험관리전략

정치적 위험관리전략에서는 현지의 위험이 높아지면 독립적 투자방식을 합작형태로 변경하거나, 현지차입방식 등 카멜레온 방법을 이용하여 환경에 적절한 방법을 적용할 수 있다. 그리고 공격적인 마케팅보다는 소극적이고 현지화하는 마케팅방법을 믹스할 수 있다. 또한 생산 재무 인사관리 등의 분야에서 친현지중심의 경영을 실천해야 한다.

투자방식에 의한 관리

합작투자 JV

기술계약 licensing

현지차입 local financing

현지노동조합형성 unionization

정치위험보험 political risk insurance

현지시장지향경영 polycentric management

마케팅 4P를 이용한 관리

상표의 현지화

환경변화에 관심 monitoring

시장장악인상을 주는 적극적인 4P 자제

현지국 선호요소에 기여(하부구조, 경영기술, 생산기술, 고용, 수출)

경영과정에 의한 관리

제품생산:

- 현지만족도local content를 위한 현지부품과 자재사용양의 증가
- 강제제조협정forced manufacturing agreement을 이용하여 완제품의 일정 비율은 반드시 현지자재 사용
- 점진제조협정phased manufacturing agreement을 이용하여 일정기간내 현지자재사용비율을 인상

재무관리:

- 상당한 현지부채 차입
- 헷징과 스왑hedging & swap 등 선물상품 이용

인사관리:

- 현지문화를 이해하는 현지국 임원의 채용
- 현지국 정치계와 연결되는 인력의 채용

5) 위험예측방법

현지방문 grand tours
- 임원들의 현지국 방문을 통한 상황인지 및 보고서 작성
- 투자팀의 사전 현지조사 후 임원진 방문
- 정치인과 기업인과의 면담
- 표면적 조사가 되고, 현지시장의 부정적 면이 감춰지는 특징

전문가 의견 delphi technique
- 현지경험과 지식소유자
- 전문가의 의견교환 후 합의

통계적 방법 statistical method
- 화폐 평가절상과 절하 추이 분석
- 물가와 관련지수 분석
- 실업률과 관련 경제변수 분석
- 정권의 구조변화와 경제와의 상관관계 분석

연고자 old hand
- 외부전문가, 계절교육자, 외교관, 정치인, 경영인
- old hand의 능력과 경험이 주요 변수임

정량적 방법 quantitative methods
- 정량적 자료 수집과 통계분석으로 인과관계 분석
- 예측 모형 개발discriminant, regression

보고서reports 활용의 예
- PRI (Political Risk Index, $1,000),
- PRCR (Political Risk Country Reports, $3,000)

6) 전략적 선택과 예

글로벌기업은 여러 현지 투자국에서 발생하는 다양한 위험을 완벽하게 회피할 수 있는 방법은 없다. 현지국에서 정치적 위험으로부터 발생하는 손실은 투자 포트폴리오상에서의 손실로 인식할 필요가 있다.

즉 개별경제에서 발생하는 이익과 손실에 초점을 맞추기보다는 전체적global인 시각에서 총수입의 변화요인으로 간주하여야 한다. 정치적 위험하에서 글로벌기업들이 취할 수 있는 대안은 다음 표와 같이 세 가지가 있다. 수익성이 높은 시장에서의 철수는 신중한 고려가 필요하지만 현지국에서의 지속적인 경영이 불가능할 경우에는 투자회수 후 재투자할 제3국을 물색하는 것이 적절한 방법이 될 수 있다.

〈표 13-3〉 정치적 위험하의 글로벌기업의 전략적 선택 방법

선택유형	예	장 점	단 점
철수	IBM from India	손실의 상한제한	손실의 만회기회 상실
적응	Nestle in India (상표권 침해)	시장기회유지	지속적 손실 가능성
대응	Honeywell (현지 제3국 법인과 M&A)	추가손실방지가능성 잠재적 충돌 감소	손실방지실패가능성 기업이미지 하락

적응은 시장의 정치적 변화를 기대하며 장기적인 운영에서의 수익추구를 지향하는 방법이다. 즉 정치적 요인에 의한 현재의 손실을 장기적으로 회복하는 목표를 가진 대안이다. 이러한 방법은 지속적인 손실로 인해 결국 철수로 이어질 수 있으므로 현지시장의 개선 가능성 분석에 주의를 기울여야 한다.

마지막으로 대응은 현지국의 정부와 직접적으로 대응하거나 기타 간

접적인 대응수단이 있다. 현지국과의 직접적 대응은 주로 규모가 큰 다국적기업을 중심으로 이루어진다. 특히 패권을 누리고 있는 국가에 속한 다국적기업일수록 직접적 대응은 성공 가능성이 높아진다.

하지만 직접적 대응은 단기적으로는 손실을 회복하거나 위험으로부터 벗어날 수 있지만 장기적으로는 더 큰 손실로 이어질 수도 있다. 특히 법적 소송의 경우에는 기업의 신뢰도나 이미지image 저하로 다른 문제가 손실로 연결되기도 한다. 간접적 대응은 현지 투자국 기업들이 새로운 단체를 결성하거나 심각한 경우 인수나 합병에 의한 기업 형태의 변화를 시도할 수 있다.

탐구과제

13-1. 다국적기업과 현지정부와의 충돌이 발생한 사례를 몇 개 찾아 발표하자.

13-2. 다양한 위험예측방법들을 찾아서 발표해 보자.

14.
경제적 환경

1) 개별경제

글로벌 경영의 두 번째 경제적 영역은 국내시장domestic economies이다. 경제적 환경은 글로벌 경영에서 파악하여야 하는 목표시장의 크기와 시장의 성격이다. 시장의 크기는 기업의 활동 잠재력과 진출순위를 결정하는 요소이고, 시장성격은 경영 업무의 본질을 결정하는데 도움이 된다.

시장규모

세계시장을 탐색하는 기업의 관심사항은 상품의 잠재적 판매량이다. 그러므로 경영자들은 현재의 시장규모size of the market뿐만 아니라 미래의 규모도 예측하여야 한다. 이러한 노력은 기업자원의 배분을 현재와 미래로 효율적으로 할 수 있게 한다. 어떤 상품에 대해서 시장규모는 여러 변수 중 하나의 결정이며, 이 결정은 특별한 분석이 요구된다.

그러나 일반적인 경제지표들은 대부분 많은 상품과 관련이 있다. 인구는 성장률과 분포, 소득은 분포와 1인당 소득, 국내총생산GDP, Gross

Domestic Product을 의미한다. UN 통계에 포함된 정치 단위의 국가 수는 200개를 넘지만 많은 수가 소수국가들이다. UN 회원국은 192개국이며, 세계은행에서 인구 백만 이상의 국가는 158개로 조사하였다. 국가의 수는 기업의 상황에 따라 다른 의미를 가지겠지만, 많은 다국적기업들이 100개국 이상에서 활동하고 있고, Singer & Komatsu는 150개국 이상에서 활동하고 있다.

인구

인구population는 시장을 만들고 다른 조건이 동등하다면 인구가 많은 국가일수록 좋은 시장이다. 그러나 현실적으로 다른 조건이 동등할 수는 없다. 그러므로 인구만으로 시장의 규모를 설명하기엔 부족하다. 그럼에도 많은 소비재들은 인구수와 비례하는 시장규모를 가지고 있다. 약이나 식료품, 건강제품, 교육자료 등의 상품에 대해서 시장 잠재력은 대체로 인구수와 일치한다. 음료수, 필기구, 자전거 등 가격이 낮은 다른 제품도 일반적으로 일치할 수 있다.

인구수는 보통 외국시장을 고려하는 데 첫 번째 변수이지만 규모의 차이는 매우 크다. 인구가 많은 국가와 작은 국가의 차이는 만 배가 넘는다. 전세계인구의 절반 이상은 인구가 1억이 넘는 9개의 국가에 살고 있다. 세계 국가의 2/3는 천만 이하의 인구를 가지고 있으며, 약 55개국은 백만 이하이다.

마케터들은 대부분의 경우 개별국가를 마케팅 단위로 설정하지만, 지역별 단위도 중요하다. 예를 들면 아시아지역은 인구순위 10개국 중 6개의 국가를 포함하고 있으며, 반면에 아프리카, 중동, 남미는 인구수가 상대적으로 적다. 아프리카에서는 나이지리아만이 인구 1억 2,400만으로 많은 편이다. 중동에서는 터키가 인구 6,400만으로 가장 많다. 남미는 브라질이 1억 6,800만이고 멕시코는 9,700만이다. 유럽은 인구의 고른 분포를 보이고 있다.

인구성장율

국제마케터들은 현재의 인구수뿐만 아니라 증가율population growth rate

에도 관심을 가져야 한다. 이유는 많은 마케팅 결정이 미래의 발전에 영향을 받기 때문이다. 많은 국가들이 다소간의 성장률을 보이지만 서부유럽은 성장률이 정지하거나 감소를 보이고 있다.

세계은행의 통계에 따르면 상위 24개 고소득 국가의 2025년까지의 인구 증가율은 10%이지만, 43개의 저개발국가의 인구는 두 배에 달할 것으로 추정하였다. 그 중 인디아에서 5억, 중국에서 3억의 인구증가가 예상된다. 또한 총 80억 인구 중 저소득국가의 분포가 50억을 차지하고 현재의 고소득국가는 1억 미만이 될 것으로 예상하였다.

이러한 인구증가율의 차이는 기업의 장기적 시장평가에 영향을 주게 된다. 시장은 국가단위로 분석되어야 하고, 경제성장률과 인구변화의 상관관계를 분석하여야 한다.

인구분포

인구분포distribution of population의 특성을 이해하는 일은 사람 수를 세는 것 이상의 의미가 있다. 어떤 종류의 사람을 세는가는 다른 결과를 가져온다. 한 국가의 인구는 나이군, 성별, 교육정도, 직업 등으로 분류되어 관련성 있는 시장세분화에 적용되어야 한다. 또한 종교, 종족, 교육내용 그리고 다른 사회문화적 속성도 중요하다.

a. 나이age

소비자들의 연령대는 각기 다른 욕구를 가지고 있어 상이한 마케팅의 기회를 제공한다. 국가에 따라서는 고소득국과 저소득국이 평균적으로 인구분포의 차이를 보이고 있다. 이 차이는 자연환경, 출산율과 의료시설, 사회복지에 따른 평균수명의 차이이다.

소득＼연령	0~14	15~64	65~
고소득 국가	20%	70%	10%
저소득 국가	40%	55%	5%

b. 인구밀도

인구의 집중은 마케팅 활동에서 유통과 통신의 문제를 평가하는데 중요한 요소이다. 보통 고밀도 국가나 지역은 유통과 통신의 효율성이 높다. 같은 현대적 수송체계를 가진 국가라도 땅이 넓은 미국이 일본보다 수송비용이 많이 요구된다.

대륙간의 비교를 보면 오세아니아가 10명 이하로 땅이 여유로운 편이며, 아시아는 평균 300명 이상으로 복잡한 편이다. 그러나 마케팅활동 측면에서는 효율적이라 할 수 있다.

제곱킬로미터로 당 인구밀도density는 싱가포르가 6,384명으로 가장 높고, 호주와 몽고 등이 2명으로 가장 낮다. 한국은 475명 정도이다. 국가밀도는 지역의 편중현상 여부에 따라 상세한 해석을 하여야 한다. 이집트는 6,300만명의 인구로 km² 당 63명밖에 안되지만, 대부분의 인구가 나일강 유역에 살고 있다. 한국도 4,700만 인구 중 약 2,000만 명이 북서쪽에 모여 있다.

소득

시장은 표면적으로는 사람의 수를 원하지만 내면적으로는 상품의 이전이라는 측면에서 볼 때 그 대가에 해당하는 돈을 원한다고 할 수 있다. 그러므로 인구수와 소득income의 측정이 중요하다.

소득분포 distribution of income 다른 변수들이 동일하고, 한 국가 내에서 소비자들이 대부분 평균소득을 가진다면 매우 동질적인 시장으로 평가되고, 따라서 마케팅활동이 용이하다. 하지만 이런 국가는 거의 없고, 다만 고소득국가가 저소득국가보다 좀더 평균적이라 할 수 있다.

한 예로 브라질은 하위 20%의 인구가 GDP의 2%만을 차지하고, 상위 20%의 인구는 전체소득의 67%를 가지고 있다. 이에 반해 선진국들은 하위 20%의 인구가 GDP의 5~9%를 차지한다.

또한 브라질, 인디아, 멕시코, 중국 등 후진국이나 개도국에서 성장이 빠른 국가들에서는 중간소득계층이 얇은 이른바 이분형bimodal 소득분포를 가진다. 고소득국민과 저소득국민으로 구성된 국가에서는 마케터도 2개의 시장으로 이해하여야 한다.

1인당 소득 per capita income 1인당 국민소득은 GDP를 인구수로 나눈 통계적 단순평균수치이며, 그 편차에 관계없이 가장 빈번하게 사용하는 경제지표이다. 이 수치는 일반적으로 한 국가의 경제발전 정도와 사회복지 수준, 설득력 있는 경제지표로 사용된다.

예를 들면 스위스 $38,380과 노르웨이, 일본, 덴마크, 미국 등이 1인당 $30,000 이상의 소득을 가지고 있다. 이에 반해 에티오피아는 단지 $100로 국가간 큰 차이를 보이고 있다.

국내 총생산/국민총생산 GDP/GNI

한 국가의 총생산 능력인 GDP는 경제규모를 나타내며, 마케팅 시장으로서의 잠재력을 추정할 수 있다. 국가의 총생산지표는 1990년대초 이전까지는 국민들이 국내와 국외에서 생산한 양의 합계로 즉, 국민총생산(GNP, Gross National Product, 현재는 GNI, Gross National Income)으로 표기를 사용하였고, 현재는 생산자의 국적을 구분하지 않고 한 국가의 국경내 생산을 지칭하는 국내총생산GDP을 많이 사용하고 있다. GDP는 자국 다국적기업의 해외생산활동을 배제하기 때문에 다국적기업이 많은 선진국들의 GDP 수치는 실제 GNI 수치보다 낮게 나타난다.

GDP나 GNI로만 해외시장을 평가할 경우에는 인구수에 따른 영향을 고려하여야 한다. 개도국의 경제규모가 선진국보다 큰 경우가 많아 잠재수요의 평가에서 오류를 범할 수 있다. 일반적으로 인구 10억과 GNI $4,418억인 인디아보다는 1억 인구와 $2,521억인 벨기에가 더 매력적인 시장이다.

일인당 소득 지표의 단점

일인당 소득은 현지국의 화폐단위로 표시된 국가의 생산량을 보통 US 달러로 환산하게 된다. 그러나 외부적인 환율의 가치와 국내의 가치는 다를 수 있다. 그러므로 각국의 물가에 의한 실제 구매력은 큰 차이를 나타낼 수 있다. 특히 구매력 평가(PPP, purchasing power parity)에 의한 개도국에서의 구매력은 3배 정도 더 높게 산출된다. 한 예로 2009년 베트남의 일인당 소득은 US$2,800이었지만 그 국내가치는 훨씬 높은 $10,000정도로 나타났다.

쉬운 예를 들면 2009년 한국의 일인당 소득은 26,000불이고, 일본은 34,200불이다. 그런데 일본에서의 지하철은 US$3불정도인데 반해 한국의 지하철은 1/3인 1,000원 정도이다. 그러므로 같은 돈으로 지하철 승차권을 구매할 수 있는 힘은 한국이 3배나 된다. 식당이나 책값 등 다른 유사한 경우도 많지만 지하철 승차 측면에서만 보았을 때 일본의 소득은 높지만 구매력은 한국의 소득보다 낮다는 의미이다.

GDP의 한계이기도 하지만 일인당 소득산출의 한계는 선진국에서는 소비자들이 거의 모든 물건을 구매행위를 통하여 취득하고, 이러한 상품의 공식적인 생산이 GDP에 포함된다. 그러나 후진국의 소비자들은 여러 생필품을 자급자족하는 경우가 많다. 비공식적 제조와 자급은 GDP에 포함되지 않으므로 그 수치가 낮아진다.

또한 대부분의 선진국에서는 전체 GDP에서 교육, 건강, 국방비, 지원사업, 에너지 등으로 사용되는 부분이 많고, 개인소득에서도 세율이 높아 평균적 일인당 소득의 상당부분은 구매력과 무관하다고 할 수 있다. 비록 가처분 소득이 높은 국가라 하더라도 마케터의 시각에서는 판매와의 연관성이 부족한 경우가 많다. 많은 소비재는 소득보다 인구 수와 연관성이 높고, 산업재와 고가품 등이 소득수준과 관련성이 높다. 소득분포의 불균형도 일인당 소득의 단점이다.

2) 경제의 성격

국가의 경제규모 뿐만 아니라, 그 국가가 가지고 있는 자연환경, 하부구조, 도시화 등의 물리적 요소와 환경의 특색도 현지 마케팅 활동에 영향을 준다.

(1) 물리적 요소 physical endowment

천연자원 natural resources의 보유는 현실적으로나 잠재적으로 경제성장의 가능성을 의미한다. 많은 다국적기업들의 현지생산에는 해당국가의 천연자원에 관심도가 높다. 예를 들면 리비아, 나이지리아 등의 국가는 석유보유로 미래의 경제전망을 밝게 하고 있다.

그러나 기술의 개발은 천연자원의 효율적 사용을 유도하기도 하지만, 천연자원의 가치를 저하시키기도 한다. 예를 들면 나일론이나 인조가죽의 개발은 중국경제에서 비단수출을 저하시키고, 목축국가의 천연가죽 수출을 감소시키는 영향이 있다.

지형학 topography 현지국의 지형은 마케팅 측면에서 유통과 수송비와 관련이 있다. 평지가 많은 국가는 도로와 철도 그리고 항공 등 다양한 수송수단을 효율적으로 사용할 수 있다. 반면에 산악지형은 도로의 곡선과 특수철도 등에서 수송시간과 비용이 상승하게 된다. 또한 경사가 급한 산악지대는 국가가 지리적으로 분리된 상태와 같다.

기후 climate 독특한 기후는 제품의 수정을 유발한다. 자동차의 경우 추운 국가에서는 히터의 기능, 더운 국가에서는 에어컨의 기능이 중요시된다. 대부분의 국가에서는 국내 기후가 유사하지만, 한 국가 내에서도 미국과 중국 같이 영토가 넓은 국가 그리고 칠레, 아르헨티나, 일본 등 영토가 긴 국가는 기후가 상이하므로 기후 적응을 위한 제품의 기능이 요구된다.

(2) 경제활동 성격 nature of economic activity

로스토우의 시각 Rostow's view에 따르면 사회의 발전단계는 전통적 사회, 도약준비단계, 도약, 성숙, 대량소비로 나누고 단계마다 서로 다른 경제요소와 생산체제 및 마케팅 활동이 이루어진다는 주장이다.

농장 혹은 공장 farm or factory 경제적 성격을 고려할 때 농장과 공장은 한 국가에서 생산되는 제품 즉, 농산물, 공산품이 GDP에서 차지하는 비율을 의미한다. 저소득국의 평균은 37%, 고소득은 농장이나 공장의 비율이 3% 정도로 구성된다.

투입과 생산 input-output tables 한 국가에서 생산에 투입되는 노동, 자본, 기술 등 생산요소들의 비율이 경제 성격과 관련성이 높다. 노동이 풍부한 국가는 농산물 등의 1차 산업 위주의 생산물이 그리고 기술이 풍부한 나라는 공산품, 자본이 풍부한 나라는 서비스 산업이 발달하는 특징이 있기 때문이다.

(3) 하부구조 infrastructure of the nation

기업은 본원적 기능은 생산과 마케팅을 한다는 것이다. 이러한 활동을 위해 지원되는 도로, 통신, 은행, 자문회사 등의 경영환경을 뜻한다.

에너지 energy 생산은 한 국가의 미래를 판단하는 시장의 잠재력이다. 또한 에너지는 한 국가의 산업화와 연관되어 있다. 소비율을 보면 나이지리아, 스리랑카 등에 비해 스페인, 미국, 일본 등이 5~10배 정도 높다. 몽골Mongolia 등 1인당 에너지 소비가 낮은 국가에서는 도시에만 전력이 공급되는 특징도 있다.

수송 transportation 한 국가의 수송능력은 에너지 소비와 유사하다. 각 지역이 하부구조의 형태로 갖추고 있는 도로, 철도, 선박(강, 호수), 항공과 더불어 효율적인 수송을 위한 물류나 로지스틱스logistics 등의 전문 지식이 요구된다.

통신 communications은 기업들에게 공급업자, 근로자, 소비자와의 정보교환을 의미한다. 물질적 미디어media의 발달 광고와 홍보에 관한 방법도 발전시킨다.

상업적 하부구조 commercial infrastructure는 국민들의 일상생활에 필요한 사회기반시설의 의미에서 벗어나 기업활동에 필요한 상업적 환경이다. 예를 들면 지속적이고 안정적인 에너지의 공급, 정체되지 않는 원활한 수송, 맑고 저렴한 통화품질, 대체통신망을 비롯하여 신뢰도가 높은 은행, 광고회사 등이 상업환경에 적합한 하부구조이다.

(4) 도시화 urbanization

도시화는 농촌이 작은 도시로 발전하고, 작은 도시가 큰 도시로 발전하는 단순한 발전단계 외에 여러 가지 의미를 지니고 있다. 도시 크기의 차이는 문화적 경제적 차이를 의미한다. 또한 도시는 구매자들의 소비행위에서 차이를 나타낸다. 대부분의 국가가 경제적으로 선진국화됨에 따라 수송과 통신의 발달하여 도시간의 격차를 줄이지만, 한국과 일본의 도시구조는 효율적인 면에서 후진국형을 벗어나지 못하고 있다.

(5) 다른 경제적 특성

인플레이션 inflation 조사에 의하면 132개국 중 절반 이하가 연 한 자리 수의 물가상승율을 기록하고 있으나 아르헨티나, 브라질, 니카라과 Nicaragua 등 중남미의 국가들은 매우 높은 편이다. 이러한 물가 상승률은 기업으로 하여금 원가관리와 가격 책정의 어려움을 갖게 한다.

정부역할 role of government 기업활동은 정부와의 관련성이 높다. 특히 개도국이나 저개발국가에 대한 투자나 현지경영활동에 있어서는 그 영향력이 매우 크다고 할 수 있다. 정부의 규제영역과 규제의 정도, 규제의 빈도 등이 글로벌 경영에게 부딪치는 정부의 부정적 면이다.

하지만 현지 정부가 불리한 규제만을 제공하는 것이 아니라 여러 가지 세제 혜택 등의 유인책도 제공한다. 저개발국가에서는 현지 정부가 경영활동에 참가하여 합작투자Joint Venture 등을 요구하는 경우도 있다.

외국인 투자 foreign investment in the economy 글로벌 경영을 위해 새로운 지역이나 국가에 진입하기 전 경영자들은 현지에 어떤 기업이 어떤 상태로 있는지를 알고 싶어한다. 선행투자를 시행한 기업들을 통해 현지정부의 대우, 시장경쟁, 기타 경영환경 등을 알 수 있기 때문이다.

예를 들어 현지에 많은 기업들이 진출하여 있으면 여러 면에서 개방적인 국가로 추정할 수 있지만, 진출기업의 수가 적은 경우에는 주로 원자재 확보를 목적으로 진출한 투자기업으로 간주하게 된다.

3) 경제시장환경의 지역적 통합

다국적 경영에서 시장은 경제적 환경 안에서 활동하고 직간접적으로 영향을 받는 경제적 활동무대이다.

다국적기업들에게 중요한 시장은 크게 두 가지의 경제적 시장으로 나눌 수 있다. 첫째는 전 세계의 경제 혹은 지구촌 싱글마켓이고, 다른 하나는 개별국가내의 경제시장이다.

개별국가의 경제 또한 세계경제와 상호의존하고 연계되어 있으므로 개별국가의 경제만으로 경제적 환경을 설명하기는 어려운 현실이다. 하지만 개별경제 또한 한 국가내의 문화적, 정치적 환경과 연계되어 있으므로 간과할 수 없는 마케팅 환경요소이다. 여기에 유럽공동체EU, European Union와 같은 지역별 혹은 대륙별 경제환경은 다국적기업들에게는 새로운 환경요소이다.

하나의 시장single market(이하 '싱글마켓')33)이라는 의미는 상품규제에 관하여 같은 정책을 적용하며, 생산과 서비스에 필요한 자본이나 노동이 국가상호간 자유롭게 이동할 수 있는 자유무역지대로 구성된 무역블럭 bloc을 의미한다.

싱글마켓의 목표는 노동 자본 상품 및 서비스가 국내에서 이동하듯 자유롭게 회원국간에 어떤 장벽도 없이 이동하는 것이다. 이를 위해서 국경같은 물리적 장벽을 없애고, 표준에 의한 기술장벽을 제거하고, 세금 등의 정책장벽을 통일해야 한다.

공동시장은 초기에는 자본과 서비스가 비교적 자유롭게 이동할 수 있는 자유무역지대로 제한되는 형태를 띠지만 싱글마켓으로 가는 첫 단계이다. 하지만 다른 나머지 무역장벽을 줄일 수 있을 만큼 진전된 형태는 아니다.

유럽경제연합The European Economic Community은 첫 번째 공동시장이자 싱글마켓이라 할 수 있지만, 관세동맹이 부가적으로 존재하였으므로 일종의 경제연합이라고도 할 수 있다.

경제환경의 지역적 통합은 다음의 4 가지로 나누어진다.

자유무역지대

자유무역지대Free Trade Area는 가장 단순한 형태의 무역협정이다. FTA의 설정은 회원국간의 상품이동에 있어서 부과되던 관세와 수입과 수출

---

33) **A single market** is a type of trade bloc which is composed of a free trade area (for goods) with common policies on product regulation, and freedom of movement of the factors of production (capital and labour) and of enterprise and services.

의 물량을 제한하던 쿼터(할당, quotas)제도를 철폐하는 내용이다.

하지만 비회원국과의 상품이동에 대해서 회원국들은 자국 실정에 적합한 혹은 각기 다른 관세율과 할당량을 부과할 수 있다. 대표적인 자유무역지대는 1967년 유럽에서 결성된 EFTAEuropean Free Trade Association이다. 이때의 회원국은 오스트리아, 영국, 스위스 그리고 스칸디나비아 국가들(노르웨이, 스웨덴, 덴마크)이었지만, 1973년 영국과 덴마크가 EU로 가입하였고, 이어서 1994년에는 오스트리아, 핀란드, 스웨덴도 EU에 가입하였다. EFTA에 남은 국가들은 농산물의 거래에서는 제한적이지만, 공산품의 자유무역지대를 실현하였다.

LAIALatin American Integration Association(1980)는 LAFTALatin American Free Trade Association(1960)의 후신이다. LAFTA는 1973년 회원국간의 자유무역을 추구하였고, LAIA도 같은 목적으로 설립되었으나 회원국간의 추진력이 매우 약하였다. 그 이유로는 어떤 정부들은 통합으로부터 발생한 이익의 대부분이 다른 국가로 갈 것으로 믿었고, 국내의 생산자들은 다른 회원국과의 경쟁을 두려워하였기 때문이다.

관세동맹

관세동맹Customs Union은 회원국간에 관세를 면제하는 일은 자유무역협정과 유사하지만, 비회원국과의 무역에서 모든 회원국들이 같은 관세율인 공동관세를 부과하는 형태이다.

그러므로 관세동맹 국가들은 관세측면에서 볼 때 한 국가와 마찬가지이고, 비회원국들이 있는 외부세계에 대해서는 통일된 형태의 관세제도를 가지고 있다고 할 수 있다. 관세동맹은 FTA 보다 성취하기가 훨씬 어렵다. 관세동맹을 위해 각국들은 관세에 관한 상업적 정책 주권을 포기해야 한다. 그리고 상업주권의 포기는 회원국내에서 뿐만 아니라 전세계의 국가들에 대해서도 마찬가지이다.

관세동맹의 이점은 경제통합효과가 높아지고, FTA에서 발생하는 부작용이 줄어 들게 된다. 한 예로 비회원국이 FTA 국가로 수출을 할 경우 회원국들의 관세율이 각기 다르기 때문에 관세율이 가장 낮은 국가로만 수출이 몰리는 현상이 발생한다. 그러므로 이러한 부작용을 감소하기 위하여 회원국들은 한 회원국에서 수입된 상품의 다른 회원국에의 이동을 제한하는 법률과 관리를 해야 하는 문제가 발생한다.

관세동맹의 대표적인 예는 EU이다. EU는 종종 공동시장Common Market으로 부르나 아직까지는 EU가 정확한 표현이다. EU는 1958년부터 추진작업을 시작하여 1968년에 관세동맹을 이룩하였다. EFTA보다는 느리게 진행되었으나 회원국간의 자유무역뿐만 아니라 대외공동관세제도를 만들었다. 또한 EFTA에서는 배제되었던 농산물도 포함하였다.

Mercosur

1991년에 공식적으로 출범한 Mercosur는 경제통합의 대표적인 조직이다. Argentina, Brazil, Paraguay, Uruguay 회원국들은 총 2억의 인구와 남미의 GDP 절반이상($800billion)을 차지하고 있다.

회원국들은 관세동맹으로의 신중한 추진을 하고 있으며, 회원국간의 무역을 상당히 확대하였다. 이러한 동맹활동은 Eli Lilly, Electrolux AB, General Eletric 등 다국적기업들의 투자를 유인하였다. 자동차회사 Fiat는 16억불을 브라질과 아르헨티나에 투자하여, Mercosur 시장을 겨냥한 자동차를 생산하게 된다. 이 투자에서 Fiat는 남미에서 가장 큰 자동차회사가 된다. General Electric은 신형승용차와 트럭 조립생산을 위해 10억불을 들고 아르헨티나로 되돌아 왔고, Ford도 기존 시설의 현대화와 시장 확대를 위해 10억불을 아르헨티나에 추가 투자하였다. Ford는 Escort와 새로운 소형트럭을 생산할 계획이다.

Chrysler는 전천후 자동차와 Jeep Grand Cherokee의 생산을 위해 1억불의 신규투자를 하였다. Toyota도 Mercosur 지역에서의 영업 확대를 위해 1억불을 추가 투자하였다. 다국적기업들의 투자에 대한 자신감은 Mercosur의 성공을 보여주는 것이다.

공동시장

진정한 공동시장Common Market은 관세동맹을 포함하여야 하나 무역에 관한 각국들의 정책 불일치로 일치되거나 조화로운 법규가 필요하다. 기업에 대한 조세부과, 노동법, 연금제도, 사회보장제도, 기업법, 독과점 방지법 등 여러 가지 분야에서의 수정이 요구된다.

공동시장에 가장 근접한 예는 미국의 각 주들이다. 하지만 주마다 세금과 법률이 조금씩 달라 미국기업들의 입지선정에 영향을 주고 있다.

그리고 EU는 공동시장을 위한 현대적인 형태를 갖추고 있다. 그러나 관세동맹의 요구영역도 다 채우지는 못한 상태이다. EU는 1992년 진정한 공동시장을 이루고, 12개 회원국의 다른 정책을 조정하기 위해 300가지의 이행사항을 설정하였으나, 아직도 다 채우지 못해 진정한 공동시장의 탄생이 얼마나 어렵고 복잡한지를 나타내고 있다.

EU

1946년 9월 19일 처칠Winston Churchill은 취리히 대학Zurich University에서의 연설 〈kind of United States of Europe〉에서 유럽 경제통합의 취지를 설명하였다.

그 후 유럽연합EU는 1951년 Belgium, Germany, France, Italy, Luxembourg 그리고 the Netherlands 6개국의 협동과 융합으로 시작하였다. 이어서 Denmark, Ireland, U.K.(1973); Greece(1981); Spain, Portugal(1986); Austria, Finland, Sweden(1995)이 가입하여 2001년 현재 15개 회원국으로 구성되어 있고, 동유럽과 남부유럽으로의 확대를 추진 중이다. EU의 단일시장은 1993년에 이루었고, 단일통화euro-dollar의 사용은 1999년부터 시작하였다.

경제연합

경제연합Economic Union은 자본 노동 기술 등 생산요소들의 자유로운 이동을 보장하는 공동시장의 형태에서 더 나아가 국가별 경제 정책에 있어서 자국의 이익보다 국가들간의 조화를 우선 고려하게 되는 시장이다. 이를 위해서 금융정책이나 재정정책을 수립할 때 이자율이나 자본시장의 법규 등을 공동으로 제정하게 된다. 이외에도 통일된 농산물 정책이나 유럽화폐체제를 공유하는 형태로 발전하게 된다. 그러므로 경제연합은 경제부분에서는 국가의 위상을 초월한 것으로 볼 수 있는 경제체제이다.

정치연합

정치연합Political Union은 경제연합과 정치적 조화가 함께 이루어지는 시장이다. 현재는 이러한 예가 없지만 1950년대에 이집트Egypt와 시리아Syria, 예멘Yemen이 단기간 정치연합의 형태를 가진 정치구조를 유지하였다.

탐구과제

14-1. European Union의 역사, 가입국, 국방체제 등 여러 관심분야에 대해서 Wikipedia(the free encyclopedia)에서 찾아보자.

14-2. 최근까지 국가간 체결되고 있는 FTA에 대해서 상세히 알아보자. 또한 체결 후 재협상이나 이행촉구 등의 부작용이 생기는 이유를 이해관계자 입장에서 살펴보자.

15.
문화적 환경

　문화는 포함하는 요소와 의미가 매우 광범위하여 간단하게 정의하기는 어렵지만, 한 학자는 '문화는 사회의 구성원들이 공유하는 학습된 행위 특성의 총 집합체Culture is the integrated sum total of learned behavioral traits that are shared by members of a society'로 정의하였다.[34]

　경영환경에서 소비자들의 행위에 영향을 끼치는 문화의 힘은 매우 크다고 할 수 있다. 그 이유로는 근본적으로 개인의 특성형성이 주위 환경이나 사회적 가치와의 끊임없는 상호작용으로 이루어지고, 이 작용은 동질의 문화 안에서 생활하는 소비자들을 매우 유사하게 만들기 때문이다.

　다국적기업들은 여러 국경을 넘어 기업 활동을 하므로 다양하고 생소한 문화 환경을 접하게 된다. 새로운 문화에의 이해와 적응은 그 시장에

---

34) Adamson Hoebel, *Man, Culture and Society*, Oxford University Press, New York, 1960, p. 168.

판매하려는 제품을 수정하는 계기가 되기도 한다. 유능한 마케터라면 전세계에 존재하는 문화의 유사성과 이질성을 연구하여 소비자들을 만족시킬 수 있는 상품을 개발하게 될 것이다.

하지만 문화에는 의식하거나 느낄 수 있는 요소도 있지만, 무의식적인 요소도 많아 외부의 세계에서 이해하기란 매우 어렵다. 문화의 요소는 가치체계, 생각, 태도, 상징 등의 형태로 다양하게 존재하며, 물려받고 물려주는 유산의 성향이 매우 크다.

〈표 15-1〉 인류학자들의 문화에 대한 정의

---

1. 선천적인 것이 아니고 후천적으로 학습된 것이다.
2. 문화의 여러 요소는 서로 상관성이 있어, 한 요소에 대한 자극은 다른 여러 요소에 반응을 가지게 한다.
3. 구성원들에 의해 공유되며, 다른 구성원들과의 간격이 문화의 경계이다.

---

1) 인류학자들의 분류에 의한 문화요소

어떤 학자들은 문화의 분류에 대해 160가지 이상의 분석을 하였고,[35] 인류학자들이 분류하는 문화의 요소는 물질문화, 사회기관, 인간과 우주, 미학 그리고 언어 등으로 분류된다.[36] 이러한 요소들은 서로 독립적인 현상이 아니라 상호 연관되어 문화라는 개념으로 발생하고 변화하고 있다.

물질문화

첫 번째 문화요소인 물질문화는 인간의 경제환경 발전에 따라서 소비

---

35) Alfred Kroeber and Clyde Kluckhohn, *Culture: A Critical Review of Concepts and Definitions*, Random House, New York, 1985, p. 11.

36) Philip R. Harris and Robert T. Moran, *Managing Cultural Differences*, Gulf, Houston, 1987, p. 201.

자들에 의해 요구되거나 사회적으로 생성된 관습이다. 한 예로 돌은 문화가 아니나 돌로 만든 비석은 문화이다. 이 절에서는 크게 소비자의 기술변화와 경제요인으로 인한 시장의 변화를 설명하였다.

기술 물질문화가 발달한 지역에서는 소비자들의 소비기술문화도 발달되어 있다. 자동차를 구매하기 전에 운전기술을 보유해야 하며, 소프트웨어software에 대한 지식이 있어야 컴퓨터를 구매할 수가 있다. 한국에서도 반제품Do-it-Yourself상품이 늘어나고 있으며, 서구에서는 자동차의 주유를 직접해야 하는 경우가 많다. 그러므로 저개발국가의 소비자들보다 물질문화가 발달한 국가의 소비자들은 물질환경에 적응하는 기술을 더 많이 보유하고 있다고 할 수 있다. 역으로 설명하면 반제품이나 신상품 등 소비기술을 요구하는 상품은 저개발국보다 산업국들이 소비시장으로서의 전망이 밝다는 의미가 된다.

경제 소득의 증가에 따라 시장제품의 품질이 향상한다. 대부분의 소비자들은 가처분소득이 증가하면 예전보다 풍요로운 생활을 할 수 있는 고급제품의 구매를 희망하게 된다. 이러한 소비자들의 욕구에 부응하여 전동치솔, 전기 부엌칼, 전자레인지 등의 다양한 상품이 개발되고 있다. 새로운 상품은 제품상품 뿐만 아니라 서비스상품에서도 개발되고 있다. 예를 들면 골프보험, 자문회사의 등장, 식당 메뉴의 고급화 등 매우 다양한 형태의 상품이 등장하고 있다.

사회기구

사회조직 사회조직은(비)공식적 집단의 발달정도가 하나의 문화요소로서 소비자 행위에 영향을 가지게 됨을 의미한다. 비공식적 집단에는 가족, 친지, 이웃, 동호회 등이 있고, 공식집단에는 교육체제, 정치체제나 구조 등이 포함된다.

친족 가족은 사회조직에서 가장 기본이 되는 단위이자 개인에게 매우 중요한 혈족kinship의 집합체이다. 가족과 더불어 친족의 의미는 구성원

상호간의 보호장치이고, 상호신뢰에 의한 정신적 지주로서의 역할을 하게 된다. 가족의 경우 국가에 따라서 구성원의 개념이 다르게 나타나는데, 서구사회에서는 대개 부모와 미혼자녀를 한가족으로 인식하고, 동양에서는 조부모와 기혼자녀를 포함한다. 몇몇 중동이나 아프리카에서는 삼촌, 조카까지 가족으로 생각하는 문화가 있다. 마케팅과 가족 수의 관계는 특히 제품의 포장크기와 상관이 있다. 가족 구성원의 수가 많은 국가일수록 단위포장이 커짐은 자연스러운 일이다. 한 가정당 평균가족수37)를 보면 미국 2.67, 일본 3.08, 인디아 5.02, 나이지리아 5.85 그리고 파키스탄 6.57명 등으로 나타나 있다.

공동체 공동체의 구성원은 이웃이나 시市 단위를 들 수 있다. 지역공동체는 지역에 이익이 되는 공동목표를 위해 협력하는 단위이다. 아프리카의 국가들 중에는 지금도 많은 부족단위가 중요한 지역 공동체의 역할을 하고 있다. 또한 아시아나 서구사회에서도 부족의 성격을 띤 공동체가 다수 존재하고 있다. 예를 들면 미국의 인디언부족, 영국의 스캇족scots, 대만의 고산족高山族 등이다.

이익집단 이익집단은 개인의 행동양식과 관련된 모임이다. 부녀회, 연합회, 협회 등의 이름으로 조직의 목적달성을 위해 상호협력과 외부지원을 추구하는 단위이다.

인구변수집단 인구변수집단은 전 사회를 걸쳐 나이, 성별, 직업 등에 의해 나누어지는 단위이다. 이러한 인구변수는 특히 시장조사자들에게 매우 중요한 단위요소가 된다. 이 중에서 여성의 경제활동은 끊임없이 연구되는 과제이다. 마케터의 시각에서 볼 때 여성은 직업을 가지는 생산인구와 구매와 관련된 소비인구로 나눌 수 있다. 여성의 사회적 참여도38)가 높은 미국에서는 약 65%의 여성이 직업을 가지고 있고, 영국

---

37) *International Marketing Data and Statistics*, London,(www.euromonitor.com)

38) *International Advertiser*, January-February, 1989, p.16.

50%, 이태리 43% 등이다. 소비자들의 지위나 성별 등 인구변수요소는 사회조직의 영향에 따라 역할이 달라질 수 있다. 이러한 역할차이는 기업의 마케팅 측면에서도 영향이 있다. 가령 사회 참여도가 높은 미국의 주부들은 집안일에 자동기계를 많이 사용하게 되나, 스위스나 독일의 주부들은 손으로 청소와 빨래를 많이 하는 편으로 주부로서의 역할이 강조되고 있다. 이는 여성의 사회활동 정도를 나타내는 사회조직의 영향으로 설명된다.

교육기관 현지국 교육체계의 발달에 따른 소비자들의 교육정도는 특히 국제 마케팅의 활동방법에 영향을 주게 된다. 예를 들어 문맹률이 높은 지역에서는 인쇄광고보다는 라디오나 영화가 효과적이다. 세계은행에서 1999년 기준으로 15세 이상의 인구를 대상으로 조사[39]한 국가별 문맹률(남%, 여%)을 살펴보면, 문맹률이 높은 국가는 나이저(77, 92), 캄보디아(41, 79), 방글라데시(48, 71), 파키스탄(41, 70) 등이며, 대부분의 국가에서 남자보다 여자의 문맹률이 높게 나타났다. 아시아에서는 중국(9, 25), 홍콩(4, 10), 인도네시아(9, 19), 한국(1, 4) 등이며, 일본을 포함한 산업국들은 0.5% 미만으로 조사되었다. 2011년에 발표된 계층별 문맹률에 대한 국가 수와 인구 수는 다음 〈표 15-2〉와 같다.[40]

〈표 15-2〉 문맹율 지도

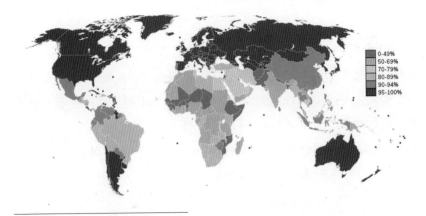

39) *World Bank Atlas*, World Bank, Washington, D. C., http://www.worldbank.com.

40) http://www.maxwellorg.com

정치구조 한 국가의 정치상황은 특정제품에 대한 마케팅 활동을 방해할 수도 있다. 이해집단에 의한 농산물 수입금지운동의 지원, 개도국의 국산품 애용과 사치품 수입이나 판매에 대한 제재 그리고 독재국가 등에서는 라디오, 인공위성 수신장치 등의 판매가 제한되기도 한다.

인간과 우주

우주와 영속성을 지향하는 인간의 특성은 종교와 미신 등의 사회적 관습이나 문화로 나타난다.

종교 종교는 특히 사회와 소비자들의 가치체계에 대해 매우 높은 영향력을 가지고 있다. 벨기에와 네덜란드에서는 천주교와 기독교에 따라 보는 신문도 다르다. 또한 종교는 사람들의 음식, 옷차림, 장례방법 등 행동을 제한하는 성향이 강하다. 술을 금하는 이슬람 지역에서는 코카콜라와 같은 음료제조기업이 종교적 혜택을 보고 있으며, 사우디아라비아에서는 무알콜 맥주가 인기가 있다. 또한 채식주의자가 많은 힌두교 국가에서는 우유제품이 성행한다.

미신 미신은 사람들로 하여금 여러 가지 행위의 제약과 독특한 의식구조를 갖게 한다. 예를 들면 태국에서는 건물을 지을 때 목재는 모두 한 곳에서 가져와야 하며, 그렇지 않을 경우 나무들이 서로 싸워서 건물이 무너진다는 믿음을 갖고 있다. 새 건물을 짓거나 새로운 사업을 할 때 말레이시아에서는 'bomoh'라 하여 염소의 피를 뿌리고, 한국에서는 돼지머리와 돈을 준비한다. 미국에서는 지금도 13일과 금요일이 겹치는 날에는 근신을 하는 사람들이 많고, 일본에서는 거울을 깨거나 사다리 밑을 지나면 재수가 없다고 기피한다.

미학

미학esthetics은 무용, 음악, 연극 등의 예술적 형태로 아름다움과 선善을 표현방법이며, 각 국가 혹은 지역별로 독특한 미학을 가지고 있다. 같은 연극의 장르도 서구와 다를 뿐 아니라 한국의 창극唱劇, 중국의 경극

京劇, 일본의 가부키歌舞伎도 그 내용이 서로 다르다.

도안 디자인design이란 용어로 사용되는 도안圖案은 제품뿐만 아니라 포장, 공장건물 등에서도 매우 중요한 역할을 한다. 상표와 제품도안에서는 표준화를 추구하는 맥도날드 등의 프랜차이징franchising 기업들도 건물에서는 소비자에의 접근을 위해 현지화를 추구하는 경향이 짙다. 또한 기업의 도안능력은 고급상표와 부가가치를 창출하게 된다. 예를 들면 2,000원 어치의 순은에 티파니Tiffany&Co.의 디자인과 상표가 더해지면 200,000원짜리 상품이 탄생한다.

색깔 문화요소로서의 색깔은 국가에 따라 유사한 경우도 많지만 서로 상반되는 예도 많다. 이는 각국의 전통이나 환경에 의해 좌우되는 특징이 있다. 색깔을 예를 들면 녹색은 아일랜드를 상징하는 색이고, 이슬람 지역에서는 경건한 색으로 간주되지만, 동남아에서는 질병을 상징한다. 중국에서 빨강색은 복福을 의미하고, 한국에서 보라색은 전통적으로 슬픔을 의미한다. 특히 색깔은 한 기업을 상징하는 표현으로 쓰이기도 한다. 현지국 경영에 있어서 색깔의 선택에서 유발되는 잠재적 위험을 감소하기 위해서는 현지 국기國旗의 색들이 권유되기도 한다.

민속 국가나 지역의 민속풍은 역사적으로 부족이나 집단을 구분하는 방법으로 사용되었다. 미 대륙의 인디언과 동북아시아인들이 동족이라는 가설은 이들의 유사한 풍속이나 습관으로 증명할 수 있다. 또한 한국과 몽고의 민속과 언어를 비교하면 이 두 국가는 동일 민족임을 나타내는 높은 가능성을 찾을 수 있다.

언어

언어는 의사표현의 한 방법이자 정보를 수집하는 중요한 도구이다. 국제경영자나 마케터의 언어능력은 직접적인 시장정보를 수집할 수 있는 수단으로 매우 중요한 요소로 간주된다.[41]

대부분의 국가나 지역에서 수많은 다른 언어를 사용하고 있으나 학문적인 어원은 소수로 축약된다. 국제경영이나 마케팅활동에서 다국적기업들은 용어의 선택에 특히 주의하여야 한다.

의역하면 '허쯔를 당신의 렌트카로 사용해 주세요(Let Hertz put you in the driver's seat)'라는 단순한 의미가 스페인어에서는 '당신을 운전기사로 만들어 드린다(Let Hertz make you a chauffeur)'라는 엉뚱한 의미로 해석될 수 있다. 자동차 이름 NOVA는 '가지 않는다(It doesn't go)'로 해석된 국가가 있었고, 현대의 소나타Sonata는 외국에서 음악장르인 '서나라'로 발음되지만, 오히려 최대시장인 한국에서는 '소나 탄다'로 해석되어 곤욕을 치른 예가 있다. 언어에 대한 국가간 발음과 뜻의 해석차이에 따른 위험을 제거하기 위해 세계 각국에서 활동해야 하는 미국 정유회사 'Exxon'은 아무런 뜻이 없는 단어로 컴퓨터를 이용해 만들게 되었다.

〈표 15-3〉 한국말과 유사한 몽고 언어[42]

인두 송골매 올가미 바른쪽 조랑말 멀(말) 조르멀(조랑말)
알락머르(얼룩말) 톨라이(토끼) 누트(눈) 미스가라(미숫가루) 등
500여 단어

〈표 15-4〉 미국 경영자들이 배우는 일본식 영어[43]

besuboru(baseball) akshon puran(action plan)

sekshuaru harasumento(sexual harassment)

copishapu(coffeeshop) hoteru(hotel) toritomento(treatment)

41) David A. Ricks, Big Business Blunders, Irwin, Ill, 1983, p.4.

42) http://www.m2000.co.kr, 2001. 8. 29

43) The Wall Street Journal, May 20, 1992. 외.

2) 홀의 모형

1976년 인류학자 에드워드 홀Edward T. Hall[44]은 자신의 책 〈문화를 넘어서Beyond Culture〉에서 문화차이를 이해하는데 필요한 고배경문화high context culture와 저배경문화low context culture라는 용어를 소개하였다.

저배경문화에서의 의사전달은 명확하고, 말은 모든 정보를 포함한다. 고배경문화에서는 언어에 담긴 정보는 적으나, 의사전달자의 배경이나 관련성 그리고 기본가치에 의해 해석된다.

고배경문화에서는 사람의 가치, 직위, 장소 등의 관련 변수로 당신이 누군지who you are가 중요하다. 이들 국가에서는 은행에서 대부를 받을 때 재무제표나 정식서류보다는 대출자가 누군지에 의해서 결정된다.

저배경문화에서는 협상이나 대부를 받을 때 당사자가 누군가에 대해서는 훨씬 적은 정보를 가지고 있다. 당사자의 말이나 숫자에 의해서 대부가 결정된다.

인력채용시 저배경문화에서는 기본적으로 경쟁을 고집하지만, 고배경문화에서는 주관적으로 일을 잘할 사람이나 믿을 수 있는 사람 혹은 통제가능한 사람을 채용하는 경향이 있다.

하지만 배경문화가 국가에 따라서 명확하게 구분되는 것은 아니다. 미국과 같은 저배경문화에서도 고배경문화의 조직이 존재할 수 있다. 쿰 Charles A. Coombs은 그의 저서 〈국제재무시장의 세계〉에서 은행장들은 신사의 세계에 살고 있고, 외환시장의 혼란 중에서도 서류없이 한 마디의 말로 수백 만불을 차용할 수 있다고 설명하였다.

---

44) Edward T. Hall, *Beyond Culture*, Anchor Press, New York, 1976: 15.

1968년 프랑스가 폭동으로 인해 정치적으로 혼란스러울 때에도 미국은 전화로 약속한 5,000만 프랑크의 구입을 실행하였다. 이러한 예는 고배경문화에는 상호간의 믿음이 있고, 공정한 경쟁은 어디에서나 말없이 받아들여지는 장점이 있음을 보여주고 있다.

〈표 15-5〉 고배경문화와 저배경문화 비교

요소 혹은 영역	고배경문화 (High Context Culture)	저배경문화 (Low Context Culture)
변호사	덜 중요하다	매우 중요하다
사람의 말	인격이다 (어서 오세요.)	문서로 남겨라 (How can I help you, Sir!)
조직의 과실에 대한 책임	경영진	담당자
공간	호흡을 나눌 정도	부풀어진 공간을 끌고 다니며 침범하면 짜증냄
시간	만성적(polychronic) '인생의 모든 일은 내 시간에 따라서 관리한다.'	순간적(monochronic) '시간은 돈이다.'
협상	질질 끈다. 목적은 서로를 아는 일이다	빨리 처리
경쟁입찰	드물다	일상적이다
국가 및 지역의 예	한 · 중 · 일, 중동, 동남아	미국 · 캐나다, 북유럽

3) 문화와 마케팅

문화는 다국적기업들의 현지경영 및 마케팅 활동에 영향을 끼친다. 마케팅활동을 하는 기업들은 항상 고객의 시각에서 의사결정을 하여야 한다. 고객의 행위는 사회문화에서 파생한 생활양식과 행동양식에 의해 결정되기 때문이다.

사람들이 구매하는 상품이나, 가치를 두는 제품의 속성, 영향인물 등이 모두 문화와 관련된 선택이다. 상품을 제조한 경영자의 의도와 다르게 문화환경에 따라서 소비자들은 다른 용도로 사용할 수도 있음을 인식해야 한다.

예를 들면 미국에서 성공한 바닥세척제solvent floor wax상품이 브라질에서는 제품수정 후 실패한 사례가 있다. 미국의 소비자들은 바닥세척제를 바닥과 관련된 청소에만 사용하지만, 브라질 소비자들은 바닥세척 뿐만 아니라 화장실변기, 고양이 목욕, 아이들 머리감기, 바비큐 점화촉진제 등으로 사용하였다. 제품사용의 안정성을 고려한 제조사가 세척제에 물을 희석한 후 판매에 나섰지만 매출이 감소하였다. 아시아의 사람들이 치약을 다른 용도로 사용하는 것과 같다.

문화적응

다국적기업인들은 현지의 문화적응에 대한 필요성은 인정하지만 실제로 그 문화의 실체를 이해하기는 매우 어려운 과제이다. 이러한 이유 중의 하나는 학계에서 많이 사용하는 용어인 자기경험기준(SRC, self-reference criterion; James A. Lee, 1966) 때문이다.

사람들은 독특한 상황에 직면하였을 때 자신이 가지고 있는 가치체계와 측정방법으로 이해를 하고 반응을 한다는 이론이다. 즉 모든 상황에서 SRC가 자연스럽게 개입된다는 설명이다. SRC는 상황판단을 신속하고 단순하게 하는 장점도 있지만 문화에 따른 객관성이 부족할 때도 많다. 그러므로 자국기준이나 현지국의 가치기준을 따를 수도 있지만, 기업의 경영목표나 문제해결을 위해 SRC를 의식적으로 배제하고 재접근하는 일이 중요하다.

문화학습 세계시장에서 현지문화의 이해와 학습은 마케터들에게 매우 중요하다. 외국어 능력과 현지문화의 이해가 부족하게 되면, 협상능력이나 현지경영능력의 부족으로 이어져 체결할 수 있는 계약을 잃게 되는 경우도 발생한다. 이러한 일들은 모두 해당기업들에게 비용으로 산정된다.

간단한 예를 들어 01/02/03 혹은 01.02.03의 표기에 대해 아시아 국가에서는 2001년 2월 3일, 미국에서는 2003년 1월 2일, 유럽에서는 2003년 2월 1일이 된다. 현지의 관습에 대한 이해부족은 곧 경영의 실수나 피해로 이어지게 된다.

지역연구 국제경영에 있어서 마케터가 전세계시장의 문화에 대해 이해하는 일은 현실적으로 불가능하므로 파견될 국가의 언어나 역사, 관습 등의 문화를 심층적으로 이해하고 학습하는 일을 지역연구라 한다.

문화동화훈련 문화동화cultural assimilator는 단기간 내에 파견될 근무자들을 위하여 속성으로 현지문화를 적응하고 이해하게 하는 교육이다. 이 교육은 중동국가, 태국, 일본 등 비교적 독특한 문화를 가진 국가를 대상으로 연극에서 사용하는 대본scenario대로 행동을 하여 체험하는 방법이다.

민감성훈련 민감성훈련sensitivity training은 주로 국내에서는 보기 힘들었던 상황이지만, 현지국에서는 충분히 발생할 수 있는 상황들을 설정하여 사전에 훈련을 하는 방법이다. 이 훈련에는 현지국 언어 학습도 포함되어 문화동화훈련보다는 많은 시일이 소요된다. 이 접근방법은 다른 문화에서 온 사람을 이해하는 일은 그 사람을 받아들이고 인정해야 한다는 가정에서 출발한다.

문화의 변화

문화가 변화한다는 사실에 대해 인류학자들은 학문적 논쟁을 통하여 여러 가지 요인을 제시할 수 있다. 그러나 경영학에서 다루는 관점은 비교적 단순한 편으로 주로 경제발전과 매스로우의 계층욕구이론Maslow's hierarchy-of-needs theory으로 설명한다.

경제발전 경제발전은 초기 1차 산업에 의존하던 소비자들을 새로운 생활양식으로 전환하고, 시장정보에 의한 새로운 단계적 욕구를 창출한다. 예를 들어 농촌에 거주하던 소비자가 대도시로 이주하게 되면 새로운 생활에 적응할 많은 상품이 요구되고, 시장정보획득으로 인해 또 다른 소비욕구가 창출된다.

다국적기업 다국적기업은 현지의 문화변화에 촉매자 역할을 한다. 다국적기업은 현지 근로자들에게 이질적인 문화를 체험하게 하고, 근로자들은 자국에 살면서도 근무시간에는 외국의 환경에 살고 있다고 볼 수 있다. 특히 해외기업 지사들affiliates의 경우 외국에 있는 본사와 긴밀하게 협조하여 의사결정을 하므로 경영체계가 이국적이라 할 수 있다. 그러므로 근로자들은 이국적인 가치체계(예: 개인주의, 접대방식)나 습관(예: black coffee, 녹차)을 습득하고, 이들이 외부에 확산되는 경로로 현지문화를 변화시키게 된다.

교육체계에 의한 문화변화 미국 등 선진국들의 교육철학이 유학생이나 자매결연 등으로 전파되는 경우를 들 수 있다. 이들은 학문적 전문지식뿐만 아니라 가치체계, 관습, 문화 등을 전파한다.

15-1. 고배경문화와 저배경문화의 장점과 단점을 각각 생각하여 발표하자.

15-2. 문화충격에 대한 상세한 자료와 사례를 찾아 발표하여 보자.

16.

글로벌 경영윤리

1) 윤리적 글로벌경영

위키피디아Wikipedia에 의하면 경영윤리[45] 혹은 기업윤리는 경영환경에서 일어나는 윤리적 기준이나 문제를 점검하는 응용윤리 혹은 전문윤리의 형태이다. 그리고 윤리경영은 모든 분야의 경영활동뿐만 아니라 개인이나 전체조직의 행위에도 영향을 끼친다고 정의하고 있다.

지구촌의 경제는 빠른 속도로 상호 의존적으로 변해가고, 국경을 넘는 투자와 경영으로 인한 문화적인 충돌도 점차 빈번해지고 있다. 그리고 국제기업들의 문화충돌과 관련된 윤리성에 대해서 사회적 관심이 높아

---

45) **Business ethics**(also known as corporate ethics) is a form of applied ethics or professional ethics that examines ethical principles and moral or ethical problems that arise in a business environment. It applies to all aspects of business conduct and is relevant to the conduct of individuals and entire organizations. Wikipedia.

지고 있는 실정이다. 다국적경영과 윤리는 거의 모든 기업에서 교차되고 있는 요소들이다. 다국적기업의 투자과정에 있어서도 투자국의 문화와 피투자국의 문화가 서로 모순되거나 일치하지 않을 경우 윤리적인 의사결정을 내리는데 장애가 될 수 있다. 또한 국가간의 문화가 연속적으로 충돌할 경우, 대안은 간단하다. 본국의 윤리기준을 지속적으로 적용하던지, 아니면 현지의 윤리적 기준을 완전히 습득하는 방법이다.

현지의 윤리기준을 적용하는 방법의 장점은 현지인의 반감을 해소할 수 있고, 근로자들과의 관계개선으로 효율적인 생산성을 기대할 수 있다. 이러한 적응은 비교 문화론에서도 윤리적인 태도로 지지하고 있다. 모든 윤리적 기준이나 문화는 그 문화환경에서 적절하거나 옳은 것으로 가정하고 있기 때문이다.

반면에 윤리를 심도 있게 연구하는 학자들은 어떤 종류의 상대론에 대해서도 불만을 표시하고 있다. 이들의 주장은 윤리적 기준은 어디에서나 통용되는 보편적인 것이며, 어떠한 문화적 행위가 그 윤리기준에 적합하지 않을 경우에는 비윤리적으로 판단한다는 것이다. 그러므로 국민을 압박하는 정부를 지원하고 환경을 훼손하거나 소비자를 속이는 기업을 지원하는 일은 어떤 문화이던 간에 인정될 수 없는 일이다.

사실 적응adaptation이나 상대론relativism 모두 그 자체만으로는 만족스러운 방법이 아니다. 경영자가 윤리적인 충돌에 직면하였을 때 적절한 대응전략은 그 독특한 윤리적 상황에 따라서 처리를 해야 한다.

탐구과제

16-1. 관심있는 다국적기업의 홈페이지에서 자신들의 윤리경영이나 사회적 책임에 대해 언급한 내용을 찾아보고 주로 생산이나 재무 혹은 마케팅 등 어느 경영윤리분야에 관심이 있는지 살펴 보자.

2) 윤리적 태도

한 학자[46]는 다음 7가지 사항들을 예로 들어 국가간 문화차이에서 나타나는 윤리적 충돌의 발생 범위와 대처방법을 설명하였다.

회피 avoiding

문화적 차이에서 발생하는 윤리적 충돌을 일방적으로 무시하거나 간과하여 간단하게 회피하는 방법이다. 하지만 이러한 행위의 결과와 반응은 기업으로 하여금 추후 더욱 더 심각해진 문제해결을 위해 많은 비용을 소요하게 할 수 있다. 또한 자칫 법적 소송에 의한 비용부담과 그 내용이 오랫동안 대중들에게 알려지고 기억되는 단점이 있다.

강압 forcing

강압적으로 자신들의 윤리기준을 상대에게 학습한다. 이러한 행위는 한편이 다른 한편에 비해 물리적인 힘이 강할 때 사용된다. 예를 들면 현지국 정부가 외국투자기업에게 부당한 뇌물을 요구하거나 평등한 경영환경을 제약하는 경우이다.

교육과 설득 education and persuasion

교육과 설득을 통한 방법으로 윤리와 관련된 사례 및 정보와 논리성을 제공한다. 상대를 다른 사람의 입장에서 고려하도록 설득하고, 기업내의 연수시설과 파견근무를 이용한 교육으로 현지인들의 직업윤리 등에 대한 변화를 추구한다.

침투 infiltration

침투는 고의적이든 자연적이든 투자국의 가치 혹은 가치체계가 피투자국에 소개되는 일을 의미하며, 현지인들에게 설득력 있는 가치나 가치

---

46) John Kohls and Paul Buller, "Resolving Cross-Cultural Ethical Conflict: Exploring Alternative Strategies", *Journal of Business Ethics*, 1994: 31.

체계는 확산된다.

협상과 타협 negotiation and compromise
협상과 타협도 한 방법이나 어느 한쪽 혹은 양쪽이 만족하지 못하였다고 판단되면 쌍방이 모두 포기하게 된다.

수용 accommodation
한편에서 상대방의 윤리나 문화기준을 수용한다. 예를 들면 한국 경영자가 인도네시아에서 음식을 손으로 먹는 것을 배우는 일이다.

협동에 의한 문제해결 collaboration and problem solving
협동에 의한 문제해결로 쌍방이 모두 만족하는 결과를 유도하기 위해 노력한다. 쌍방의 욕구를 만족시키는 쌍생win-win의 결과를 만들어 낸다.

이렇듯 윤리나 문화차이에 대한 적절한 대응은 가치체계의 중심, 윤리기준에 대한 사회적 여론의 정도, 결과에 영향을 줄 수 있는 의사결정자의 능력, 상황에 대한 긴박성의 정도에 따라 다르다고 할 수 있다. 그러므로 효율적인 대응을 위해서는 앞의 7가지 요소들에 대한 지속적 재점검과 적용이 필요하다.

탐구과제

16-2. 투자국인 다국적기업과 현지국 혹은 현지 근로자들과 충돌이 발생하였다면 귀하가 생각하는 해결책은 무엇인가? 또한 충돌이 빈번하다면 이를 개선하기 위해 귀하가 제시하는 방법은 무엇인지 자료를 찾아서 발표해 보자.

---

3) 생산윤리

생산윤리는 크게 두 분야로 나눌 수 있다.

첫째 기업들은 소비자들에게 신체적으로나 정신적으로 해가 발생하지 않고, 사회 및 환경에도 문제를 일으키지 않는 상품을 생산하는 것이다. 예를 들면 암을 유발하는 담배나 맛을 내기 위해 이물질을 첨가한 음료나 커피, 유전적으로 심각한 기형을 일으킬 수 있는 유전자조작식품, 환경을 파괴하는 여행상품이나 스포츠용품 생산 등이다. 이러한 제품이나 서비스에 대해서는 정부의 규제가 이루어지지만 기업 스스로 생산과정에서 윤리성을 가져야 한다.

또 다른 생산윤리47)는 제품의 생산과정에 있어서 인간이나 동물이 안전해야 한다는 것이다. 제조산업에 속하는 다국적기업들은 대부분 생산설비를 갖추고 있다. 생산에 투입되는 자본, 기술 이외에도 노동은 단지 노동력으로 표현되지만 노동자 이전에 다양한 권리를 보장받아야 하는 현지국민들이다. 모든 생산시설에서 현실적으로 지속적인 무재해를 달성하기는 불가능할 수도 있지만, 재해가 발생할 경우 해당 기업은 사고방지를 위해서 얼마나 사전에 대책을 세우고 노력하였나 하는 사실이 생산윤리의 측정치가 될 수 있다.

사회운동가들이나 학자들은 다국적기업들의 현지 생산활동에서 과다한 근무시간으로 노동을 착취하거나, 열악한 환경에서 근무한 후유증이 빈번하게 발생하고 있는 실정을 지적하고 개선을 요구하고 있다. 이러한 현상은 주로 값싼 노동력을 이용할 수 있는 저개발국가에서의 문제이지만 한국과 같은 준선진국에서도 발생한다.

---

47) **Production ethics** This area of business ethics usually deals with the duties of a company to ensure that products and production processes do not needlessly cause harm.

현대의 근로조건은 작업장에서의 위생이나 소음뿐만 아니라, 과도한 주문수주나 기업의 규모가 대형화 그리고 다국적 네트워크network를 이루면서 발생하는 초과근무 및 야간근무 등 인간의 기본성에 위배되는 사례가 늘고 있다.

특히 노동착취공장으로 해석되는 sweatshop[48]은 아프리카를 비롯하여 아시아의 저개발국가와 남미 등 교육수준이 낮고 문맹율이 높은 국가에서 찾을 수 있다. 다행히 최근 들어서는 사회단체들의 활동으로 해당 정부와 다국적기업들의 윤리경영으로 개선되고 있으나, 미성년자 노동에 대해서는 여전히 현실적으로 논쟁이 뜨겁다.

탐구과제

16-3. 제품책임법product liability law에 대해 공부하고, 국내외 사례를 찾아보자.

16-4. 착취공장sweatshop과 관련된 나이키Nike의 역사를 찾아서 다국적기업의 사회적 책임에 대해 자신의 의견을 정리하자.

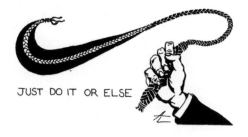

JUST DO IT OR ELSE

---

48) **Sweatshop** A factory or other workplace where persons work for unusually low pay. The word connotes places where labor laws are consistently violated. For example, sweatshops may pay below minimum wage and hire underage persons. Alternatively, sweatshops may be legally set up in countries that have very few labor laws, but many still consider them unethical or immoral. 출처 Farlex Financial Dictionary, 2009.

16-5. 다음은 착취공장sweatshop에 대해 상세히 설명한 글이다. 내용을 읽어보고 다국적기업들이 투자국의 생산 및 근로환경개선을 위해서 필요한 일들이 무엇인지 생각을 나열해 보자.

Sweatshops don't have a very good reputation. They impose degrading working conditions, low salaries, and long hours, and they expose workers to harmful materials, hazardous situations and extreme temperatures. In many cases, the workers are young women who are vulnerable to abuse and exploitation? including sexual exploitation? by their bosses. On top of that, many sweatshops violate child labor laws. Hence, sweatshops have been called a form of modern slavery, and not without reason. They indeed look like a microcosm of human rights violations.

Most, but not all, sweatshops are situated in the third world countries, where labor regulations are lax, salaries low and trade unions not very powerful. Third world countries also don't have a high level of technology intensity in industrial production, making it profitable to employ manual labor. Western companies often find it profitable to outsource from high technology factories in the West towards low technology sweatshops in the South. In the West, sweatshops also exist, but only in the illegal economy.

However, many economists who can't possibly be accused of heartlessness or indifference when it comes to the problem of global poverty, have defended them. There's for example Paul Krugman, Jeffrey Sachs and Nicholas D. Kristof. They argue that the alternatives in many countries are worse. Sweatshops may insult our western sense of justice, but that's because our economies offer in general much higher standards of work. In third world countries, sweatshops are a step forward for many people. Without the opportunity to work in a sweatshop, many of them would be forced into subsistence farming, scavenging of garbage dumps, begging or even prostitution. All these alternatives offer lower incomes and worse conditions.

Furthermore, many of the young women working in sweatshops see their employment as a way out of gender discrimination. It's a form of liberation from oppressive local and traditional systems. They move to towns, earn a living, have their own rooms, and as a result they can escape an early (and often arranged) marriage and early motherhood. And without the burden of an early marriage and motherhood, they can develop their education.

Developing countries starting their manufacturing sectors in the form of sweatshops, can expect improvements elsewhere in their economy: The growth of manufacturing has a ripple effect throughout the economy. The pressure on the land becomes less intense, so rural wages rise; the pool of unemployed urban dwellers always anxious for work shrinks, so factories start to compete with each other for workers, and urban wages also begin to rise.

So it's not a good idea to try and abolish sweatshops, or to boycott products produced in sweatshops. We may do more harm than good when we force people into other types of employment. What we have to do, however, is to promote better labor standards and working conditions in existing sweatshops, and do so realistically. Demanding immediate implementation of western standards is silly, given the level of development of third world economies, and would result in the end of sweatshops.

4) 유통윤리

제조회사가 자신들의 유통망을 보유하고 있지 않는 한, 제조회사들의 시각에서 보면 유통망은 자사의 제품이 왜곡되거나 파손되지 않게 소비자들에게 전달되어야 한다는 조건이 필요하다. 또한 자신들의 상품에 대해 유통관련자들이 전문적인 상품지식을 갖추어야 하며, 이러한 지식을 소비자들에게 정확하게 전달할 수 있고, 이는 상품취급시에도 필요하다.

따라서 제조회사와 유통회사들의 계약요소 이외에 계약으로 설명할 수 없는 성실함이나 신뢰성 등의 윤리적 행위가 요구된다. 예를 들면 유통과정에서 유통관련자의 불성실에 의한 상품부주의 취급 및 파손은 상호간의 신뢰를 깨뜨리고 이는 곧 생산비용과 유통비용의 증가로 직결된다.

다른 한편, 소비자들의 시각에서 요구되는 유통윤리는 가격담합이 없는 복수의 유통망으로 가격선택권을 행사할 수 있어야 하며, 상품에 손상을 입히지 않는 한 구매를 취소할 수 있는 권한도 보장되어야 한다. 그리고 상품에 대한 충분한 정보를 제조회사뿐만 아니라 유통회사로부터 제공받을 수 있어야 한다.

이렇듯 제조회사뿐만 아니라 소비자들에게서 요구되는 유통회사의 윤리적 책임은 매우 크다. 특히 최근 들어 유통망이 대형화되면서 발생하는 부작용에 대해 사회적 책임을 인식할 필요가 있다. 여러 국가에 진출한 다국적유통기업들의 우월적 지위로 유통자상표의 상품을 제조사에게 요구한다든지 그리고 유통상품을 정상가 이하로 판매하도록 요구하여 제조사에 손실을 꾀하는 행위가 포함된다. 반대로 고가의 상품이나 프리미엄premium상품들의 경우에는 제조사와 결탁하여 과도한 가격책정으로 소비자들을 기만하여 구매력을 떨어뜨리는 비윤리적 행위들을 흔하게 찾을 수 있다.

16-6. 국내에 진출한 다국적기업들의 직접 유통망(예: 외국자동차회사, 코스트코Costco Wholesale)을 찾아보고 이들의 사회적 책임에 대해서 생각해 보자.

16-7. 다음의 기사를 읽고 재정립해야 할 유통회사들의 윤리성에 대해 설명해 보자.

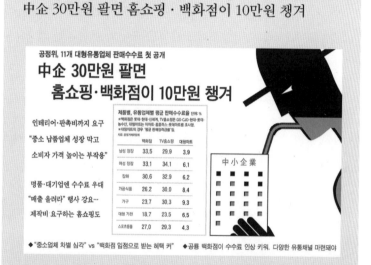

中企 30만원 팔면 홈쇼핑·백화점이 10만원 챙겨

중소 의류업체가 백화점에서 30만 원짜리 의류를 판매할 경우 30%가 넘는 10만원을 백화점에 수수료로 지급하고 있는 것으로 나타났다. TV홈쇼핑에 판매할 경우에도 거의 비슷한 수수료를 내고 있다.

공정거래위원회는 29일 롯데·현대·신세계 등 3개 백화점과 GS·CJO·현대·롯데·농수산 등 5개 TV홈쇼핑, 이마트·홈플러스·롯데마트 등 3개 대형마트의 판매수수료와 판매장려금을 조사, 최초로 공개했다. 그러나 영업 비밀이라는 이유로 브랜드별 판매수수료는 공개하지 않고 상품별 판매수수료의 범위와 평균만 공개했다.

백화점의 상품별 평균 판매수수료율은 피혁잡화가 34.1%로 가장 높았다. 남성정장·여성정장·아웃도어·캐주얼웨어·아동의류 등 의류제품도 평균 32~33.5%로 높은 편이었다. TV홈쇼핑이 떼는 수수료도 의류제품이 29.9~35.8%로 가장 높았다.

이번 조사를 통해 백화점과 TV홈쇼핑이 약자엔 강하고 강자에 약한 면모도 드러났다. 대부분 중소기업이 납품하는 의류에 대해서는 30%가 넘는 높은 판매 수수료를 물리는 반면, 삼성·LG 등 대기업 계열사가 납품하는 가전·디지털기기의 경우 16~24%의 상대적으로 낮은 수수료를 물리는 것으로 나타났기 때문이다.

정진욱 공정위 가맹유통과장은 "대형 유통업체의 과도한 판매 수수료율은 중소 납품업체의 성장을 가로막고, 소비자 가격을 높이는 부작용을 낳고 있다"면서 "향후 유통업계의 공정거래 준수 여부를 평가할 때 판매수수료에 대한 평가 항목을 신설해 중소 납품업체의 부담을 완화하겠다"고 말했다.

공정위는 납품업체가 판매수수료와는 별도로 대형 유통업체의 인테리어 비용과 판촉비용, 모델 출연료, TV홈쇼핑의 방청객 동원비와 세트 제작비 등을 추가로 부담하고 있는 것으로 확인, 그 실태도 조사키로 했다.

_ 조선일보, 2011.06.30

5) 재무윤리

재무윤리는 다른 분야에 비해 특별히 주의가 요구되고 엄격한 규칙과 법률이 적용되는 경영분야이다. 기업의 생산과 마케팅에서 발생되는 현금흐름은 모두 재무분야에서 통제되고 관리되어야 하기 때문이다. 그러므로 정부기관이나 여러 사회적 감시망으로 관찰되나 비도덕적 행위가 가장 많이 발생하고 있다.

재무윤리가 비교적 쉽게 파괴되는 부분은 가격정보에 미약한 소비자 기만, 내부자거래insider trading나 주주의 이익과 이해관계자들stakeholders의 이익이 충돌항목, 투자관리 등이다.

거래에 있어서는 투자자나 고객을 기만하는 가격책정, 불공정거래가격설정, 가격담합 등이 포함된다. 또한 주주들에게 과도한 배당을 실시하기 위해 고가격정책을 펴거나, 반대로 전문경영인들의 과도한 임금과 인센티브incentive책정은 매우 심각한 사회적 문제이다. 특히 거래비용에 속하는 전문경영인들의 과도한 급여책정은 주주의 부를 감소시킬 뿐 아니라 여러 가지 사회문제를 발생시킨다.

내부자거래는 기업의 내부정보를 이용하여 주식에 투자하거나 타회사에서 불법적으로 유출된 정보에 의한 투자로 부당한 이익을 취하는 불공정 행위를 의미한다. 내부자거래는 불법이지만 인맥에 의한 정보수집 등으로 인해 당사자들의 엄격한 도덕성이 없는 한 근절되기 어려운 부분이다.

투자관리분야에서는 투자자들의 자금을 모금하기 위해 투자관련정보를 왜곡하거나 충분히 설명하지 않는 행위, 수수료에만 집착하고 투자관리는 등한시하거나 불성실하게 관리하는 행위, 때로는 투자자금의 횡령이나 유용 그리고 투자의 실제이익을 속이는 행위 등이 포함된다. 이러한 행위들은 투자회사나 금융회사들에게서 빈번하게 발생하고 있는 실정이다.

16-8. 다음의 밝은 사례를 읽어보고, 다국적 투자회사나 은행들이 지켜야
할 사회적 책임을 열거하여 보자.

[Wanna Be Rich] 유럽의 '착한 은행' 공익 · 수익 둘 다 잡다

금전적 수익이 아닌 교육, 환경보호, 지역개발, 빈곤완화 등
을 통해 사회를 밝게 만드는 데 관심을 보이는 회사에 투자하
라고 하면 투자자들이 과연 선뜻 돈을 내놓을까. 최대 이윤을
내는 것이 투자의 기본 목적으로 통하는 현실에서 투자 자체
에 의문을 품는 것이 당연할 것이다. 그러나 사회적으로 필요
하고 공동체의 이익을 추구하면서 동시에 투자자들에게도 상
당한 수익을 돌려주는 성공적인 사례를 유럽에서 찾을 수 있
다.

네덜란드의 트리오도스 은행(Triodos Bank)은 최근 유럽에
서 관심의 대상이 되고 있으며 현지 언론을 통해 자주 소개되
고 있다. 일단 실적이 좋다. 2008년엔 37억4100만유로(5조
8,000억원)이던 자산이 2009년엔 48억6,100만유로(7조5,000
억원)로, 지난해엔 56억1,700만유로(8조7,000억원)까지 성장
했다.

동시에 순이익도 큰 폭으로 늘었다. 지난해 순이익은 1150만
유로(178억원)로 2009년과 비교해 20% 늘었다. 고객도 계속
늘어나고 있다. 지난해 고객은 28만5,000명으로 2009년 대비
18% 늘었다. 재정위기로 유럽 경제가 휘청거리는 시기라는
점을 고려한다면 더욱 빛나는 수치다.

이 은행이 주목을 받는 것은 수익성 때문만은 아니다. 바로
사회적 기업으로서 이 은행의 경영 방식이 더욱 눈길을 잡는
다. 은행의 이름인 트리오도스는 그리스어의 '트리 호도스
(tri hodos · 세 개의 길)' 라는 말에서 왔다. 사회, 윤리, 경제
라는 세 갈래를 동시에 추구하자는 의미다.

트리오도스 은행은 환경, 소액금융, 공정한 거래와 관련된 기
업에만 은행 자산을 투자함으로써 사회를 보다 지속 가능한
방향으로 이끌고 있다. 또 한 해에 9,000개가 넘는 사회 · 환

경친화적인 사업에 대출을 하고 있다. 또 트리오도스 은행은 태양열에너지 건물을 사용하고 쉽게 썩는 신용카드를 개발해 직접적으로 환경에 기여한다. 트리오도스 은행이 운용하는 대표적인 사회적책임 펀드인 트리오도스 지속가능자산 펀드의 연간 수익률은 12%에 이른다. 유럽중앙은행 기준금리인 1.25%의 10배다.

1971년 트리오도스 재단으로 시작해 1980년 은행으로 설립된 이후 단 한 차례도 분기 손실을 기록한 적이 없다. 트리오도스 은행은 설립지인 네덜란드 외에 벨기에 영국 스페인 독일에 지점을 갖고 있다. '착한 은행'도 얼마든지 지속 가능하다는 점을 보여주는 셈이다.

페테르 블롬 트리오도스 은행 최고경영자(CEO)는 "우리는 인간과 생태계 그리고 경제의 균형을 목표로 하는 은행업이 차기 10년 내에 전체 인구의 6분의 1 정도 사람들에게 긍정적인 결과를 가져올 수 있다고 생각한다"며 "이 목표를 달성하기 위해선 은행들이 투자가들로부터 더 많은 자본을 확보하고, 동시에 인적 자본에 대한 투자를 더욱 강화해야 한다"고 경영철학을 설명했다. 이익보다 사회적 가치를 우선시하는 전략은 지금까지의 통념과는 반대다. 사회적 가치 우선 전략은 매출 증대에 역행하고, 혼란을 불러오는 방법처럼 보이기 때문이다. 그러나 트리오도스는 이런 생각이 반드시 진리가 아님을 증명했다.

골드만삭스에 따르면 2005~2007년에 환경, 사회와 기업 지배구조 등 이슈에서 사회적 이익을 추구하는 데 앞장선 기업들의 주식에 투자한 펀드가 보통 주식형 펀드보다 수익률 측면에서 앞선 것으로 나타났다.

_ 매일경제신문, 2011.7.1

시장가격의 이면

국제적인 거래가격은 어떻게 정해지나요?

물론 이른바 수요와 공급의 법칙에 따라 정해진단다. 그러나 또한 일부 곡물 메이저회사와 그 밑의 투기꾼들의 조작을 통해서도 결정돼. 덤핑 전략이나 또는 반대로 시장에서 상품을 거두어들이는 전략을 통해서 말이야. 투기꾼들이 갑자기 시장에 대량의 곡물을 방출하면 가격이 무너져 덤핑 효과가 나타나고, 반대로 곡물을 사재기하여 인위적인 품귀현상을 불러일으키면 가격이 오르게 되지. 투기꾼들은 대량의 곡물을 곡물저장탑(사일로)에 보관한단다. 가격은 단 한 가지 원칙에 복종해. 바로 이윤극대화라는 원칙이지. 시카고 거래소를 주름잡는 사람들은 차드, 에티오피아, 아이티 같은 가난한 나라의 정부가 높은 가격을 감당할 수 있을지 따위는 눈곱만큼도 고려하지 않아. 그들이 원하는 것은 오직 매주 수백만 달러를 더 벌어들이는 것이지. 배고픈 자들의 고통? 맙소사, 그들을 위해서는 유엔이 있고 국제적십자가 있잖아 하는 식이란다.

그래서 너도 알 수 있듯이 중요한 것은 첫째는 수확량이고, 둘째는 시카고 거래소의 투기꾼들이 유엔이나 세계식량계획, 여러 인도적 지원 단체 그리고 만성적인 기아에 시달리는 나라에 제시하는 곡물가격이야.

그 시장이 어떻게 돌아가는지 저는 아직도 이해가 잘 가지 않아요.

세계시장에서 식량의 가격은 아주 복잡한 메커니즘에 따라 정해진단다. 수전 조지(미국의 사회학자)나 요아힘 폰 브라운(경제학자로 국제식량정책연구소 소장), 그 밖의 많은 학자들이 그 구조를 연구하고 있어. 일반적으로는 수확량, 수송경비의 변동, 투기적 거래, 세계시장의 수요 같은 요소가 세계식량가격의 형성에 큰 영향을 미치는 것으로 보고 있지.

요아힘 폰 브라운은 1996년의 경우를 분석했단다. 1996년 초에 갑자기 곡물이 품귀현상을 빚었지. 그 전에는 곡물저장탑의 재고가 세계 필요량의 80일분을 감당할 수 있는 양이었다면, 이 무렵의 저장량은 세계 필요량을 53일간 감당할 수 있는 양이었어. 그러자 이런 상황이 당장 반영되면서 가격이 급등했지.

이런 상활에서 자기 나라의 최소한의 필요량을 구매해야 하는 제3세계 정부관계자들의 생각은 어떠했겠어? 그리고 전 세계 수백만의 난민과 실향민들을 먹여 살려야 하는 세계식량계획이나 그 밖의 국제조직들이 얼마나 난감한 상황에 처했을지 상상할 수 있겠니?

_ 〈왜 세계의 절반은 굶주리는가?〉(2007, 장지글러 지음) 중에서 발췌

6) MRO

소모성자재 구매대행으로 해석되는 MRO[49]는 유지Maintenance, 수리 repair, 운영operations의 약자로 대기업의 운영에 필요한 소모품들을 구매 하여 납품하는 회사들이다.

최근 들어 이러한 회사들이 심각한 사회문제로 대두된 것의 배경에는 대기업들이 이익창출이 일어나는 모든 분야의 상거래를 독점하기 때문 이다. 이러한 행위는 공정거래 정신에도 위배되며 상대적으로 경제력이 미약한 중소기업들이나 개인에게 심각한 불이익을 초래한다.

글로벌 500 다국적기업에 포함되는 한국의 대부분 대기업들이 MRO 의 윤리성에서 자유롭지 못한 실정이다. 다행히 최근 언론의 집중공격과 홍보로 인해 몇몇 기업들이 자진 철수하는 상황이나 대부분 대기업들에 게서 그 뿌리를 완전히 제거하기는 어려운 상황이다.

일명 '일감몰아주기' 로 표현되는 MRO의 내부를 살펴보면 매우 복잡한 이해관계가 서로 얽혀있다. 예를 들어 출장이 많은 대기업의 경우 공정한 시장경쟁을 벌이고 있는 외부여행사에서 비행기표를 구매하여 경제활동 을 하는 전반적인 구성원들이 이익분배에 참여할 수 있어야 하나, 대기업 이 자회사로서 여행사를 설립하여 이익분배를 제한하는 행위이다. 특히 내부 경영자나 소유자들의 친지에게 분배되는 MRO는 오히려 시장가격

---

49) **MRO** Maintenance, repair, and operations or Maintenance, Repair and Overhaul involves fixing any sort of mechanical or electrical device should it become out of order or broken (known as repair, unscheduled or casualty maintenance). It also includes performing routine actions which keep the device in working order (known as scheduled maintenance) or prevent trouble from arising (preventive maintenance). MRO may be defined as, "All actions which have the objective of retaining or restoring an item in or to a state in which it can perform its required function. The actions include the combination of all technical and corresponding administrative, managerial, and supervision actions."

보다 더 많은 가격을 지불하여 정당한 주주들의 부를 횡령하며 다수의 시장참여자들을 배제하는 행위이다. 또한 대기업들이 정부의 전임자에게 MRO를 분배하여 불공정한 이익을 제공함으로써 기업의 비리를 옹호하는 세력으로 관리하기도 하였다.

이러한 이익추구는 일반적인 경영자들이 가지고 있는 비판없는 지식이나 신념에서 비롯되는 수익의 극대화, 주주이익의 극대화 정신의 산물이라 할 수 있다. 대기업이나 다국적기업들이 자신들의 경제력과 자본력 그리고 정보력을 이용하여 모든 분야의 이익을 독점하려고 든다면 이는 모든 구성원들을 어렵게 만드는 사회적 비극이라 하지 않을 수 없다.

탐구과제

16-9. MRO에 대한 다음 핵심 자료들 이외애 더 많은 기사들을 검색하고, 기업행위에 어떤 문제들이 있었는지 요약하여 발표해 보자.

〈자료 16-1〉
黨·政, 대기업 富 편법승계 제동… "일감 몰아주기에 상속·증여세 부과" 내부거래 공시 강화하고 무분별한 사업 확장 억제

대기업이 오너 자녀가 대주주로 있는 비상장 계열사에 일감을 몰아주는 방식으로 부(富)를 편법 승계하는 데 대해, 정부와 한나라당이 제동을 걸고 나섰다. 여권의 '대기업 옥죄기'가 속도를 내는 모양새다.

당정은 30일 국회에서 당정협의를 개최하고 '일감 몰아주기 및 대기업 MRO(소모성자재 구매대행)업체 4대 대응방안'을 발표했다.

당정은 우선 대기업의 '일감 몰아주기'에 대해 상속·증여세를 부과하기로 했다. 대기업이 MRO 업체 뿐 아니라 전산·물류·유통 등 분야에서 자녀가 대주주인 자회사를 세워서 일감을 몰아주어, 세금 없이 부를 이전하는 것을 막겠다는 것이다. 한나라당 이주영 정책위의장은 "일부 대기업이 자회사를 세운 뒤 일감을 몰아주는 방법으로 부를 승계하는 것은 부당 지원 또는 변칙 증여에 해당한다"고 말했다.

당정은 7월 중 구체적 과세 방안을 마련하고 8월에는 내년도 세법개정안에 반영해 발표하기로 했다. 공정위는 대기업 MRO에 대한 일감 몰아주기 실태조사를 벌여, 법 위반 시 엄중히 제재하겠다는 방침이다.

당정은 또 공시 대상을 확대하고 대기업 계열사 간 내부거래 공시제도를 강화하는 데 합의했다. 공시의무대상이 되는 내부거래의 범위를 현행 동일인 · 친족 지분이 30% 이상인 계열사에서 20% 이상인 계열사로 확대하고, 계열사별 내부거래현황도 심층적으로 분석해 매년 1회 공개하게 했다. 이에 따라 내부거래를 공시해야 하는 업체는 217개사에서 245개사로 늘어난다.

대기업 MRO 업체의 무분별한 사업 확장 대응책도 마련됐다. 당정은 사업조정제도를 활용해 대기업의 사업 확장을 억제하고 동반성장위원회를 중심으로 'MRO 가이드라인'을 세우기로 했다.

또 공공부문의 조달 계약 시 중소 MRO 업체를 우대하도록 조달사업법령을 개정하고, 중소 MRO 종합지원센터와 중소기업공동 온라인몰을 구축 · 운영한다는 방침도 세웠다.

_ 조선일보, 2011.07.01

〈자료 16-2〉

[사설] 재벌 MRO 타도 외치며 사외이사 맡다니

기획재정부 · 지식경제부 · 중소기업청 등 고위직 출신 인사들이 대기업 산하 소모성자재구매대행(MRO) 업체에서 감사와 사외이사 등 중책을 맡고 있는 것은 공정사회 기치에 안 맞다.

강창일 민주당 의원이 MRO 기업의 임원 현황을 조사했더니 삼성그룹 아이마켓코리아는 사외이사에 중소기업협동조합

중앙회 상근 부회장(전 중기청 차장)을, 감사에는 감사원 과장 출신 인사를 앉힌 것으로 밝혀졌다. 코오롱그룹 계열사인 코리아이플랫폼도 대표이사·감사·사외이사 등 주요 자리를 기획재정부·지식경제부·중기청 고위 공직자 출신 인사들이 맡고 있다는 것이다.

재벌그룹들이 MRO를 통해 문구류·공구·면장갑 사업까지 싹쓸이함으로써 중소기업을 벼랑으로 내모는 행태를 막으려는 움직임이 구체화하고 있다. 공정거래위원회가 MRO에 대한 조사에 착수하고, 한나라당이 당정협의를 거쳐 이달 중 MRO를 통한 대기업 일감 몰아주기에 대해 구체적인 과세 방안을 마련할 계획이다.

이런 판국에 공직자 출신 인사들이 MRO 기업 요직을 꿰차고 있는 것은 여러모로 부자연스러운 일이다. 이들 전관(前官)이 MRO를 위해 규제의 방패막이와 로비창구로 활용될 가능성이 농후하기 때문이다. 지경부는 대·중소기업 상생정책을 주관하고 있고, 기재부도 조달청에 대한 영향력 행사가 가능하다는 점에서 MRO 기업과 업무 연관성이 높다.

중소기업청과 중소기업중앙회도 MRO 기업을 압박할 힘이 있다. 더구나 대기업 MRO를 견제하는 중소기업중앙회 상근 부회장이 MRO 기업의 사외이사를 맡고 있는 현실을 국민은 어떻게 바라볼까. 대기업에서 거액의 급여를 받으면서 중소기업 이익을 대변한다는 설명은 군색하기 짝이 없다.

공직자 출신들이 전관예우라는 관행에 기대어 해결사 노릇을 하며 터무니없이 높은 보수를 챙기는 병폐를 시정하겠다며 국회가 퇴직관료 취업제한 규정을 대폭 강화한 공직자윤리법 개정안을 통과시킨 것이 지난달 말이다.

대기업 MRO까지 전관예우 시비에 휩싸이는 것은 중소기업을 우롱하는 것이다. 정부가 부쩍 강조하는 친서민정책과 동반성장 정책의 진정성에 대한 불신도 커질 수밖에 없다. 업무 관련성이 큰 정부 부처 출신 인사가 MRO 기업에 진출하는 것은 다시 생각해봐야 한다.

_ 매일경제, 2011.07.12

〈자료 16-3〉
[사설] MRO에서 손떼는 삼성

삼성이 소모성 자재 구매대행(MRO) 사업에서 손을 떼기로 했다. 삼성은 어제 삼성전자 등 9개 계열사가 보유한 MRO 기업 아이마켓코리아(IMK)의 지분 58.7%를 매각하겠다고 밝혔다. 지난 5월 삼성 계열사와 1차 협력업체를 위주로 하고 신규 거래처를 확보하지 않겠다고 선언한 지 두 달여 만이다.

대기업 소유의 MRO는 그동안 막강한 시장 장악력을 이용해 소상공인의 설 자리를 빼앗고 있다는 원성을 사왔다. MRO의 주주들이 대부분 그룹 오너 일가로 부의 편법 대물림이라는 비난도 받고 있다. 여론의 흐름이 우호적일 리가 없다. 정부가 MRO에 과세할 근거를 마련하기로 하는 등 압박한 것도 다 그 때문이다. 대기업은 애초 땅 짚고 헤엄치기 식의 부도덕한 사업에 진출하지 말았어야 했다.

그런 측면에서 삼성이 스스로 실익이 없다고 판단해서든, 정부의 압박에 의해서든 MRO 사업에서 철수하기로 한 것은 잘한 일이다. 한화도 지난 6월 MRO 사업에서 손을 뗐다고 한다. LG·SK·포스코 등 MRO 자회사를 운영하는 다른 그룹도 차제에 결단을 내리길 바란다.

중요한 것은 실효성이다. 중소기업계는 삼성의 결정을 환영하면서도 시장에 큰 변화가 생길지에는 의구심을 가지고 있다. 삼성이 지분을 매각하더라도 IMK와의 거래관계를 유지하겠다고 한 만큼 달라질 게 별로 없다는 이유에서다. 오히려 삼성에서 떨어져 나간 뒤 IMK가 사업을 키우면 중소업체들이 더 힘들어질 것이란 말도 나온다.

우려를 불식시키는 길은 상생협력의 취지에 걸맞은 곳에 지분을 매각하는 것이다. 중소기업 유관기관이나 관련 중소기업이 그런 곳이다. 하지만 삼성 계열사 지분은 5000억원이 넘는다. 중소기업 및 유관기관이 떠안기는 현실적으로 어렵다. 삼성과 중소기업계, 정부가 머리를 맞대고 해법을 모색할 필요가 있다.

요즘의 반(反)대기업 정서는 대기업들이 자초한 측면이 강하다. 한국을 대표하는 기업들이 100원짜리 나사, 300원짜리 면장갑 등 소소한 소모성 자재에까지 손을 댄 것은 부끄러운 일이다. 중소기업과 함께 성장하며 과실을 나누려는 자세가 필요하다. 대신 눈을 밖으로 돌려 위상에 걸맞게 미래지향적 사업 발굴에 나서 글로벌기업들과 치열하게 경쟁하는 게 옳다.

_ 동아일보, 2011.08.02

〈자료 16-4〉
SK "MRO 자회사 사회적 기업으로 전환"

SK그룹이 7일 계열사의 소모성 자재 구매대행(MRO)을 맡고 있는 자회사 MRO코리아를 사회적 기업으로 전환하겠다고 발표했다. 대기업의 MRO 자회사 운영이 중소기업의 사업영역을 침범하는 '일감 몰아주기' 란 논란이 일자 아예 MRO 사업에서 생기는 이익을 통째로 사회공헌에 쓰기로 한 것이다.

SK는 사회적 논란이 된 MRO 사업 처리를 놓고 지분 매각 등 여러 방안을 고심한 끝에 사회적 기업 전환을 택했다. SK 관계자는 "최태원 회장이 지난달 중순 'MRO 사업을 사회에 이바지하는 사회적 기업 형태로 전환하는 것이 어떨지 검토해 보라' 고 주문했다"고 전했다.

MRO코리아의 지분 매각 대신에 사회적 기업 전환을 선택한 SK는 큰 비용을 치러야 한다. 이 회사는 2000년 7월 SK네트웍스와 미국의 그레인저인터내셔널이 51 대 49 비율로 합작해 만든 회사다. 따라서 SK는 MRO코리아를 수익 대신에 사회적 목적을 추구하는 사회적 기업으로 바꾸려면 그레인저인터내셔널이 보유한 지분 49%를 우선 사들여야 한다. MRO코리아가 직원 150명에 보유자산 240억 원, 연간 매출액 1024억 원 규모인 점을 감안하면 지분 인수대금은 최소 수백억 원이 될 것으로 보인다.

SK 관계자는 "매출액 1000억 원이 넘는 MRO코리아가 변신에 성공하면 국내 최대 규모의 사회적 기업이 탄생하는 것"이라며 "사회적 기업의 효율적 운영에 맞는 지배구조와 경영구조를 갖추고 '사회적 기업 인증'도 받을 것"이라고 말했다.

SK는 MRO코리아가 사회적 기업이 되더라도 기존 그룹 계열사와의 거래를 유지하면서 중소기업 및 사회적 기업을 지원할 방안을 찾기로 했다. 이를 위해 납품업체를 선정하는 과정에서 사회적 기업을 우선 선정하기로 하고 관련 심사기준을 마련할 방침이다. 또 MRO코리아에서 발생하는 수익은 각종 사회공헌 활동에 쓰거나 새로운 사회적 기업을 지원하고 육성하는 데 사용하기로 했다. 즉, 양질의 MRO 상품을 납품받는 사회적 기업 간 밸류체인(가치사슬)을 완성하는 것이 목표인 셈이다.

이달 초 삼성의 아이마켓코리아 지분 매각 추진에 이어 SK도 MRO 영리사업에서 손을 떼기로 함에 따라 MRO 자회사 처리 문제로 고심하는 다른 대기업도 영향을 받을 것으로 보인다. 재계는 SK의 결정이 대기업이 단순히 사회적 책임을 회피하려는 데서 벗어나 어떻게 사회에 기여해야 할지를 보여줬다는 점에서 MRO코리아의 사회적 기업 전환을 높이 평가하고 있다. 국내 최대 MRO 업체 서브원을 보유한 LG그룹은 이날 "MRO 문제에 대한 각계의 논의가 진행 중이므로 사회적 합의가 도출되면 그에 맞춰 방향을 정할 것"이란 기존 방침을 재확인했다.

_ 동아일보, 2011.08.08

7) 사회적 기업은 무엇인가?

한국에서도 최근 들어 사회적 기업이란 용어가 종종 쓰이고 있다. 앞의 SK사례에서도 언급된 사회적 기업이란 어떤 의미를 가지고 있는지 자료를 찾아서 정리해 보면 다음과 같다.

사회적 기업Social business이란 용어는 방글라데시 그라민 은행Grameen Bank 설립자인 무하마드 유누스Muhammad Yunus 교수가 그의 책들 〈빈곤 없는 사회건설 – 소기업과 자본주의의 미래Creating a world without poverty – Social Business and the future of capitalism〉, 〈사회적 기업 건설: 인류의 절박한 필요에 부응하는 새로운 자본주의Building Social Business: The new kind of capitalism that serves humanity's most pressing needs〉에서 찾을 수 있다.

유누스의 정의에 의하면 사회적 기업이란 오늘날 같이 고도로 규정된 시장에서 사회적 목적에 맞게 설계되어 손실이나 이익이 없는 회사를 말한다(In Yunus' definition, a social business is a non-loss, non-dividend company designed to address a social objective within the highly regulated marketplace of today.) 사회적 기업은 비영리회사와는 구별되는데, 이익을 추구하되 배당하지 않고 그 이익금은 기업의 사회적 합의에 따라 사용되거나 제품과 서비스의 품질을 향상시켜 또 다른 방법으로 사회적 임무를 하게 된다. 사실 넓은 의미에서의 사회적 기업이란 수익보다는 사회적 공공의 이익을 목표로 운영되는 모든 기업을 포함한다.

방글라데시 유누스센터The Yunus Centre in Bangladesh와 독일 그라민 창업연구소The Grameen Creative Lab in Germany 등 유누스가 관련된 단체에서는 이러한 사회적 기업을 지원하고 설립하고 있다.

사회적 기업에 대한 동아일보 전성철 기자의 정의는 다음과 같이 명쾌하다.

"주주나 소유자의 이윤 추구보다는 취약계층에 대한 사회서비스 또는 일자리 제공 등 사회적 목적을 추구하는 방식으로 운영되는 기업. 최근 들어서는 빈부격차 해소 등 사회문제 해결에 기업도 책임을 져야 한다는 인식이 확산되면서 대기업이 사회공헌 프로그램의 일환으로 사회적 기업을 설립, 운영하는 사례가 늘고 있다."

탐구과제

16-10. 커피와 관련된 국내외 사회적 기업을 찾아 발표하자.

다국적경영은 기업의 국제화와 해외활동에서 수행되는 여러 가지 업무와 경영전략을 의미한다. 다국적 경영학은 국경의 한계를 초월하여 시장확대와 이윤기회를 극대화하는 기업들의 경영행위를 연구하고, 또한 기업들에게 필요한 경영전략을 제공하는 학문이다. 다국적 경영학을 경영학의 한 분과로 인식하는 시각도 있지만, 기업 외부환경의 변화와 국제적 경영욕구에 의해 그 연구범위가 확대된 학문분야를 다국적경영학으로 보는 것이 더 적절하다.

전통적 경영학의 분야로는 인사관리, 마케팅, 재무관리, 생산관리, 회계학 등을 들 수 있다. 그러나 기업의 국제화에 의해 발생된 지식이나 혹은 요구되는 새로운 지식분야로 다국적 근로자와 임원을 관리하는 국제기업의 인사관리, 국가간 회계기준차이 분석과 국제적으로 인정되는 회계기준에 대한 연구, 다양한 시장문화에서의 마케팅 활동, 해외투자와 외환의 위험관리를 포함하는 국제재무분야 등 다국적경영학 특유의 학문분야가 등장하게 되었다. 그러므로 다국적경영학은 그 동안 일반 경영학에서는 다루지 않았던 국제기업들의 경영문제를 해석하고, 그 현상을 학문화하였다. 하지만 다국적경영학은 일반경영학과 관련성이 낮은 독특한 분야가 존재하지만 대부분 경영학의 기초지식분야를 토대로 존재하고 발전하여 왔다.

다국적경영학의 초기학문인 경영학(Management; 한국 · 일본에서는 '經營學'; 중국에서는 '管理學')의 탄생은 주로 기업생산의 극대화를 위한 효율적인 방법을 연구하는 과정에서 비롯되었다. 그 대표적인 예로 시간연구로 유명하며,[50] 과학적 경영의 아버지로 불리는 테일러(Frederick W. Taylor, 1856~1915)와 근로자들의 생산과정에서 동작연구로 유명한[51] 길브레드 부부(Frank, 1868~1924, Lillian Gilbreth, 1878~1972) 등을 들 수 있다. 초기의 기업들은 주로 생산이 수요를 감당하기 어려웠던 시기에 대량 생산기술과 효율적 생산방법의 개발에 주력하였다. 특히 1750년대에 발생한 영국의 산업혁명Industrial Revolution과 1, 2차 세계대전 과정에서 적극적으로 개발된 군사기술의 산업적용은 제품의 대량생산을 가능하게 하였을 뿐만 아니라 품질생산기술의 발달로 이어졌다.

그 결과 생산량이 수요량을 초과하여 판매자 주도의 시장Seller's Market에서 소비자 주도의 시대Buyer's Market를 맞이하게 되었고, 기업들의 치열한 판매경쟁은 항상 새로운 판매방법을 요구하여 마케팅이라는 학문분야를 탄생시켰다. 또한 기업의 수가 늘어나면서 고용과 재화의 이동이 다양화함에 따라 기업들

---

50) Frederick Winslow Taylor, *The Principles of Scientific Management*, Hive, Easton, Pa., 1985.

51) Lillian M. Gilbreth, *The Psychology of Management*, Sturgis and Walton, 1914(재발행: Macmillan, New York, 1921.).

의 사회적 영향이 증가하였고 이들 기업들의 지속적 활동관리에 필요한 재무와 회계분야가 발전하게 되었다.

기업들이 현재와 같이 해외시장을 주시하고 개척하거나 활동한 시기를 역사적으로는 약 4,000년 전 지중해 지역Mediterranean region에서 성행한 페니키아인Phoenicians과 이집트인Egyptians들의 국제무역을 들고 있다.

그러면 현대의 기업들은 이들과 마찬가지로 무역만으로 자국의 문화와 환경을 영유하면서 국제활동을 할 수는 없는 것일까? 무역은 특히 국내산업의 보호, 자국 생산자 보호, 수지개선, 자원의 효율적 배분 등에서 많은 의의를 가지고 있다.

이러한 의문은 무역이론과 외부 경영환경의 변화로 설명될 수 있다. 먼저 무역이론으로 수출입의 기초가 되는 스미스Adam Smith의 절대우위이론을 비롯하여 이를 연장한 리카도David Ricardo의 비교우위이론 등 많은 이론들은 생산요소이동과 국가적 비교우위 등 비현실적인 가정을 전제로 현실과의 괴리를 가지고 있었다. 이러한 현실과 이론적 괴리는 기업들에게 또 다른 이윤 창출의 가능성을 추구하게 되었고, 세계대전 후 발달한 수송과 통신은 기업들에게 해외시장의 다양하고 정확한 정보를 제공하는 계기가 되었다.

그러면 현대의 기업들은 왜 자국의 익숙한 문화와 동질적 환경에도 불구하고 낯선 미지의 세계로 경영활동을 떠나는 것일까? 또한 어떤 경영전략으로 위험을 감소하고 기업의 목표인 이윤추구를 달성할 수 있을까? 이러한 기업의 국제활동으로 발생하는 경영외적 사회문제는 어떤 것이 있는가? 다국적경영학은 이러한 여러 질문에 대한 해답을 연구하는 학문이다.

기업이 국제화를 한다는 의미는 무역과 라이센싱licensing 등 다양한 단계를 포함하지만 궁극적으로는 해외직접투자의 형태로 국제적 기업이 실현된다. 기업의 해외투자 동기와 요인을 학문적으로 접근한 학자는 하이머Stephen H. Hymer(1960)이다. 그는 비록 짧은 생애를 마쳤지만 그의 스승인 킨들버그Charles Kindleberger(1976)에 의해 발표된 그의 학위논문 "국내기업의 해외경영 The International Operations of National Firms"은 다국적경영학과 해외직접투자이론의 시작이 되었다. 이론의 상세한 내용은 해외직접투자에서 다루기로 한다.

다국적경영학과 국내경영학의 차이

다국적경영을 하는 기업은 국내시장에 전념하는 기업들과 마찬가지로 그들의 기업목표인 이윤추구를 위해 활동한다. 국내기업과의 차이를 여러 가지로 설명하는 이론들이 있지만 일반적으로 정보와 경영능력에서 우위를 가지고 다른 문화에서 발생하는 위험을 감소하며 적극적인 이윤추구를 하는 기업들이다.

하지만 현대 기업들에게는 이러한 차이가 점차 줄어들고 있다. 즉, 국제기업과 국내기업의 구별이 모호해지고 있는 실정이다. 국내기업도 어떠한 형태로든 해외시장과 관련되어 있기 때문이다. 기업 국제화의 이론적 초기단계인 수

동적 수출에서 원재료의 수입 등 해외시장의 영향을 받지 않고 경영활동을 수행할 수 있는 기업들은 극소수이다. 특히 기업이 성장을 지속할 경우 시장과 산업이 상대적으로 축소되고, 경쟁이 증가하면 기업의 생존을 위해 해외시장과 연관되는 비율도 증가하기 때문이다. 해외시장과 연계되는 요인으로는 첫째, 대부분 통제할 수 없는 거시 경제적 요인으로 경제, 정치, 법률, 지형, 사회문화 등이고, 둘째, 통제가 가능한 미시 경제적 요인으로 노동, 자본, 기술, 재무, 마케팅, 조직 등이 있다. 구체적인 요인을 예로 들면 해외시장의 풍부한 원재료, 국내 노동비의 증가, 기술개발의 필요성, 선진경영기법 등의 다양한 내용을 들 수 있다.

특히, 다국적기업MNCs: Multi-National Corporations이나 초국적기업TNCs: Transnational Corporations의 등장은 국경의 의미를 초월하려는 기업의 형태로 국내기업과 국제기업간의 경계를 더욱 더 무의미하게 하고 있다.

다국적경영의 필요성과 학문적 영역

다국적경영이 왜 필요한지를 이해하기 위해 우리 주위를 둘러보자. 우리가 만들어 수출한 제품은 외국에서 찾을 수 있지만, 외국에서 만들어 한국으로 수출한 제품들은 우리 주위에서 흔히 찾아 볼 수 있다. 사람들이 사용하는 필기구나 원서(原書), 가방 혹은 화장품에서부터 백화점 명화관 등에 진열되어 있는 무수한 외제상품들이 있다. 사람 뿐만 아니라 사육되는 동물들의 사료, 예방약, 건강제 등도 수입부분이 차지하는 비율이 점차 높아지고 있다. 이러한 수입 완제품과 더불어 여러분들이 가지고 있는 휴대전화와 외국상표의 옷, 가정의 전자제품 등과 KFC, McDonalds, Pizza Hut 그리고 Citi group 등 외국계 금융·법률 서비스 등 외국의 부품과 기술료를 지급하는 상품까지 포함한다면 순수한 국산품은 찾아보기 힘든 시대에 살고 있다. 앞에서 설명한 바와 같이 국내기업은 순수한 국산품을 생산하고 국내시장에 판매하는 기업을 의미하나 국제적 시대의 현실은 이러한 국지적 경영활동을 거의 불가능하게 한다. 더구나 가처분소득disposable income의 증가는 이러한 상품의 구매빈도를 증가시키고 그 결과 더 많은 외국계 상품을 수입하는 시장이 된다.

다국적경영의 초기단계에 해당하는 무역의 관점에서 볼 때 우리는 이러한 수입증가에 대한 대금을 지불하기 위해 이와 상응하는 금액의 물품을 수출하여야 한다. 수출의 증가는 수입 대금의 이유만 아니라 규모의 경제에 의한 생산과 가격의 효율성, 국제시장에서의 품질경쟁에 의한 상품성의 증가 등 국내경제의 경쟁력 향상에 긍정적인 효과를 가지고 있다.

그러나 무역은 수입상과 수출상이라는 상호보완적인 동시에 대립적인 관계에서 이루어지고 있다. 이러한 대립적인 한계를 극복하는 방법 중의 하나는 현지직접생산이다. 기업들은 수입상 대신 현지생산을 통하여 거래비용을 절감하고, 생산량과 품질을 통제하여 이전 보다 더 많은 이윤추구를 달성할 수 있게 된다. 이러한 긍정적 측면과 더불어 부정적인 측면은 다시 설명하기로 한다.

한편, 기업들의 경영과 기술의 상호의존성은 기업들로 하여금 더욱 더 국제기업으로의 변화를 촉진하는 계기가 되었다. 기술이전과 관련된 계약에서 기술습득을 위한 해외진출, 기업의 인수합병이 활발해졌다. 기업이 생산하는 부품과 완제품의 규격화는 많은 기업들로 하여금 세계시장을 중시하게 하고 참가하게 하였다. 이러한 일련의 과정들은 재무, 인사, 마케팅 등 국내에서의 경영활동영역의 업무의 국제화를 추진하게 하였다. 기업들의 해외경영활동을 학문적 관점에서 부분별로 나누어 간략하게 제시하면 다음과 같다.

다국적경영의 학문적 영역

• 글로벌인사관리 : 경영구조의 핵심인 동시에 생산의 3대 요소로 분류되는 인적자원을 관리하는 분야이다. 인적자원에는 기업내의 다양한 국적의 근로자와 관리자들, 기업외부의 인적자원도 포함된다. 현지문화와 관련된 근로자들의 가치체계, 태도와 동기부여, 자사와 본국과의 관계형성 그리고 의사소통방법 등 인력과 관련된 다양한 주제가 연구대상이다.

• 글로벌마케팅관리 : 해외문화와 관습, 정치적·법률적 차이를 이해하여 국제 4Ps를 설정하고, 효과적으로 판매와 기업홍보PR활동을 수행하는 학문분야이다. 국제 4Ps는 제품의 표준화와 수정, 원산지 효과, 브랜딩 branding, 국제가격전략, 유통, 광고 그리고 시장조사 방법 등이 포함된다.

• 국제재무관리 : 국내의 단일통화관리에서 벗어나 다양한 통화단위의 관리와 외환 위험관리를 연구하는 분야이다. 세계경제 체제하에서의 증권시장, 주식시장 등의 국제적 시장을 연구하고, 선물시장을 통한 위험관리, 또한 해외직접투자와 국제합병인수M&A 등의 주제도 국제재무에서 다루어진다.

• 국제회계 : 각국의 상이한 회계기준을 동일한 기준으로 변화시키는 연구가 진행되고 있는 영역이다. 각국에서 발생하는 경영활동의 결과인 재무제표의 연결과 결합을 연구하는 학문이다. 선물거래의 회계처리방법, 외환거래의 표기법, 이전가격과 세금산출 등이 포함된다.

• 국제경제학 : 다국적경영의 기업들의 경제적 외부환경으로 경제현상을 분석하고 예측하는 분야이다.

이러한 다국적 혹은 국제경영학의 각 학문영역은 일관된 경영전략, 지역별·국가별 연구 혹은 국가간 비교 연구 등의 형태로도 나타나고 있다.

※일러두기

　　FT Global 500 2011=2011년 발표 파이낸셜타임즈 세계 500대 기업
　　Market values and prices at 31 March 2011=2011년 3월 31일 시장가치와 가격
　　Global Rank 2011=2011년 세계 500대 기업
　　Global Rank 2010=2010년 세계 500대 기업
　　Company=기업명
　　Country=소속국가(본국)
　　Sector=소속산업
　　Market Value $m=시장가치(백만불 단위)
　　Turnover $m=매출액(백만불 단위)
　　Net Income $m=순이익(백만불 단위)
　　Total Assets $m=총자산(백만불 단위)
　　Employees=근로자 수
　　Price $=주식 한 주 가격
　　Dividend Yield(%=배당률(%)
　　Year End=결산일
　　P/e ratio=한 주당 순이익

FT Global 500 2011

Market values and prices at 31 March 2011

Global rank 2011	Global rank 2010	Company	Country	Sector	Market value $m	Turnover $m	Net income $m	Total assets $m	Employees	Price $	P/e ratio	Dividend yield (%)	Year End
1	2	Exxon Mobil	US	Oil & gas producers	417,166.7	341,578.0	30,460.0	298,983.0	83,600	84.1	13.5	2.1	31/12/2010
2	1	PetroChina	China	Oil & gas producers	326,199.2	222,332.8	21,239.6	251,279.1	552,698	1.5	12.6	3.3	31/12/2010
3	5	Apple	US	Technology hardware & equipment	321,072.1	65,067.0	14,013.0	75,183.0	49,400	348.5	23.0		25/09/2010
4	4	Industrial & Commercial Bank of China	China	Banks	251,078.1	N/R	25,059.3	2,042,093.6	389,827	0.8	11.4	3.6	31/12/2010
5	13	Petrobras	Brazil	Oil & gas producers	247,417.6	128,478.4	21,198.2	309,336.9	80,492	20.1	9.3	2.5	31/12/2010
6	6	BHP Billiton	Australia/UK	Mining	247,079.5	50,418.3	12,148.6	83,835.2	39,570	48.2	22.0	1.7	30/06/2010
7	11	China Construction Bank	China	Banks	232,608.6	N/R	20,460.1	1,640,263.0	301,537	0.9	11.0	3.2	31/12/2010
8	19	Royal Dutch Shell	UK	Oil & gas producers	228,128.7	373,259.6	20,411.6	317,199.5	97,000	36.3	10.9	4.7	31/12/2010
9	25	Chevron	US	Oil & gas producers	215,780.6	189,607.0	19,024.0	183,918.0	62,000	107.5	11.3	2.6	31/12/2010
10	3	Microsoft	US	Software & computer services	213,336.4	61,989.0	18,760.0	86,113.0	89,000	25.4	12.1	2.0	30/06/2010
11	9	General Electric	US	General industrials	212,917.8	149,060.0	11,620.0	751,200.0	287,000	20.1	17.1	2.3	31/12/2010
12	8	Berkshire Hathaway	US	Nonlife insurance	206,671.3	N/R	12,967.0	372,229.0	260,000	125,300.0	15.8		31/12/2010
13	12	Nestle	Switzerland	Food producers	199,406.6	112,005.0	36,651.9	117,483.5	281,000	57.6	5.3	3.4	31/12/2010
14	21	IBM	US	Software & computer services	198,869.8	99,870.0	14,833.0	110,232.0	399,409	163.1	14.2	1.5	31/12/2010
15	33	Gazprom	Russia	Oil & gas producers	190,829.1	117,623.7	31,671.8	302,017.0	393,000	8.1	5.8	1.1	31/12/2010
16	10	China Mobile	Hong Kong	Mobile telecommunications	184,842.3	71,750.6	17,691.1	129,297.7	164,336	9.2	10.5	4.2	31/12/2010
17	17	JP Morgan Chase	US	Banks	183,639.7	N/R	16,406.0	2,117,605.0	239,831	46.1	11.6	0.4	31/12/2010
18	20	HSBC	UK	Banks	181,936.9	N/R	13,302.7	2,459,129.8	295,061	10.3	13.9	3.4	31/12/2010
19	7	Wal-Mart Stores	US	General retailers	181,716.7	418,952.0	16,389.0	180,336.0	2,100,000	52.1	11.6	2.3	31/01/2011
20	24	AT&T	US	Fixed line telecommunications	180,948.8	124,280.0	19,864.0	268,488.0	265,410	30.6	9.5	5.5	31/12/2010
21	14	Procter & Gamble	US	Household goods & home construction	172,528.2	78,938.0	12,736.0	128,172.0	127,000	61.6	17.1	2.9	30/06/2010
22	37	Oracle	US	Software & computer services	169,185.6	26,820.0	6,135.0	60,311.0	105,000	33.4	27.6	0.6	31/05/2010
23	22	Vale	Brazil	Mining	168,232.1	50,135.6	18,114.5	127,844.7	70,785	32.8	9.6	2.0	31/12/2010
24	23	Wells Fargo	US	Banks	167,415.9	N/R	12,362.0	1,258,128.0	272,200	31.7	14.3	0.6	31/12/2010
25	15	Johnson & Johnson	US	Pharmaceuticals & biotechnology	162,361.8	61,641.0	13,334.0	97,812.0	114,000	59.3	12.4	3.6	01/02/2011
26	31	Pfizer	US	Pharmaceuticals & biotechnology	162,301.4	67,809.0	8,257.0	193,825.0	110,600	20.3	19.9	3.5	31/12/2010
27	38	Coca-Cola	US	Beverages	152,258.8	35,200.0	11,809.0	72,823.0	139,600	66.3	13.1	2.7	31/12/2010
28	30	Google	US	Software & computer services	147,199.8	29,118.0	8,505.0	57,586.0	24,400	586.8	22.3		31/12/2010
29	26	Bank of China	China	Banks	145,977.9	N/R	15,842.3	1,583,323.2	279,301	0.6	9.4	3.6	31/12/2010
30	42	Vodafone Group	UK	Mobile telecommunications	145,923.3	67,484.0	13,118.4	236,649.4	84,990	2.8	11.3	4.6	31/03/2010
31	35	Rio Tinto	Australia/UK	Mining	144,447.4	56,576.0	14,324.0	112,402.0	69,002	70.2	9.5	1.5	31/12/2010
32	28	Novartis	Switzerland	Pharmaceuticals & biotechnology	143,633.0	56,400.6	10,911.6	131,006.7	119,418	54.5	11.4	4.3	31/12/2010
33	34	Total	France	Oil & gas producers	143,227.1	188,053.8	14,151.3	190,549.1	92,855	61.0	9.6	5.0	31/12/2010

Global rank 2011	Global rank 2010	Company	Sector	Country	Market value $m	Turnover $m	Net income $m	Total assets $m	Employees	Price $	P/e ratio	Dividend Yield (%)	Year End
34		Agricultural Bank of China	Banks	China	141,363.1	N/R	14,395.2	1,568,507.6	444,447	0.6	11.3	4.6	31/12/2010
35	32	Toyota Motor	Automobiles & parts	Japan	139,367.4	202,775.4	2,241.2	323,425.4	320,590	40.4	56.9	1.2	31/03/2010
36	43	Samsung Electronics	Technology hardware & equipment	South Korea	138,159.2	137,930.3	14,092.7	118,782.9	85,085	849.6	9.1	1.0	31/12/2010
37	18	BP	Oil & gas producers	UK	136,848.0	300,439.1	-3,760.7	274,781.6	79,700	7.3		1.5	31/12/2010
38	16	Bank of America	Banks	US	134,914.9	N/R	-2,242.0	2,264,909.0	288,000	13.3		0.3	31/12/2010
39	45	Citigroup	Banks	US	128,703.9	N/R	10,512.0	1,913,902.0	260,000	4.4	12.6		31/12/2010
40	29	Roche	Pharmaceuticals & biotechnology	Switzerland	127,055.6	50,827.4	9,278.3	62,796.4	80,653	143.4	13.2	4.9	31/12/2010
41	71	Schlumberger	Oil equipment & services	US	126,818.6	27,447.0	4,267.0	51,767.0	108,000	93.3	27.6	0.9	31/12/2010
42	54	Siemens	General industrials	Germany	125,465.5	103,512.4	5,312.0	134,723.7	405,000	137.2	22.4	2.7	30/09/2010
43	52	Philip Morris International	Tobacco	US	117,945.6	27,184.0	7,226.0	35,050.0	78,300	65.6	16.7	3.7	31/12/2010
44	48	Telefonica	Fixed line telecommunications	Spain	114,411.3	81,308.0	13,610.5	166,107.3	257,426	25.1	11.1	7.5	31/12/2010
45	69	ConocoPhillips	Oil & gas producers	US	114,171.6	176,906.0	11,358.0	156,154.0	29,700	79.9	10.5	2.7	31/12/2010
46	75	CNOOC	Oil & gas producers	Hong Kong	112,560.2	27,067.9	8,045.5	49,752.8	4,650	2.5	14.0	2.4	31/12/2010
47	40	Intel	Technology hardware & equipment	US	110,747.8	43,623.0	11,464.0	62,897.0	82,500	20.2	10.0	3.1	25/12/2010
48	58	Verizon Communications	Fixed line telecommunications	US	107,911.9	106,565.0	2,549.0	220,005.0	194,400	38.5	42.8	5.0	31/12/2010
49	36	Sinopec	Oil & gas producers	China	107,906.8	284,741.7	10,893.5	148,630.7	373,375	1.0	7.7	3.0	31/12/2010
50	47	PepsiCo	Beverages	US	103,085.3	57,838.0	6,320.0	68,153.0	294,000	64.4	16.5	2.9	25/12/2010
51	44	Merck	Pharmaceuticals & biotechnology	US	101,772.4	45,913.0	859.0	105,309.0	94,000	33.0		4.6	31/12/2010
52	57	Itau Unibanco	Banks	Brazil	99,719.8	N/R	8,025.9	439,828.9	108,000	23.9	13.5	3.5	31/12/2010
53	50	GlaxoSmithKline	Pharmaceuticals & biotechnology	UK	98,600.1	44,293.2	2,549.1	61,878.2	96,461	19.1	38.1	5.3	31/12/2010
54	53	Eni	Oil & gas producers	Italy	98,502.9	132,348.3	8,457.8	170,008.3	78,830	24.6	10.6	5.4	31/12/2010
55	46	Banco Santander	Banks	Spain	98,119.8	N/R	10,951.8	1,629,856.4	178,869	11.6	9.3	6.8	31/12/2010
56	62	Rosneft	Oil & gas producers	Russia	96,953.5	46,134.7	10,362.0	93,704.0	158,884	9.2	8.5		31/12/2010
57	27	Cisco Systems	Technology hardware & equipment	US	94,805.1	40,040.0	7,767.0	79,051.0	70,700	17.2	12.9		31/07/2010
58	41	China Life Insurance	Life insurance	China	94,680.5	N/R	5,101.7	214,013.1	103,220	3.8	20.9	1.6	31/12/2010
59	51	Sanofi-Aventis	Pharmaceuticals & biotechnology	France	92,044.4	40,674.8	7,318.6	110,057.7	101,575	70.2	12.5	4.8	31/12/2010
60	59	GDF Suez	Gas, water & multiutilities	France	91,809.4	113,089.9	6,179.4	244,964.2	236,116	40.8	14.4	4.9	31/12/2010
61	65	Anheuser-Busch InBev	Beverages	Belgium	91,560.1	36,810.2	4,082.9	113,598.2	114,313	57.0	22.2	1.9	31/12/2010
62	77	Qualcomm	Technology hardware & equipment	US	90,126.6	10,991.0	3,247.0	28,650.0	17,500	54.8	28.0	1.3	26/09/2010
63	60	China Shenhua Energy	Mining	China	89,270.6	23,071.0	5,785.4	51,611.2	65,154	4.7	16.2	2.3	31/12/2010
64	39	Hewlett-Packard	Technology hardware & equipment	US	88,656.2	125,682.0	8,761.0	122,433.0	324,600	41.0	11.1	0.8	31/10/2010
65	74	Statoil	Oil & gas producers	Norway	88,366.3	90,437.5	6,538.7	110,082.0	30,344	27.7	13.5	3.9	31/12/2010
66	63	Royal Bank Canada	Banks	Canada	88,019.1	N/R	5,125.6	711,045.0	72,126	61.7	18.0	3.2	31/10/2010
67	55	BNP Paribas	Banks	France	87,789.0	N/R	10,081.7	2,662,542.0	205,348	73.2	8.6	3.9	31/12/2010
68	61	Unilever	Food producers	Netherlands/UK	87,303.4	59,253.1	5,689.4	54,713.6	165,000	31.4	15.5	3.6	31/12/2010
69	80	Occidental Petroleum	Oil & gas producers	US	84,936.8	19,043.0	4,524.0	52,432.0	11,000	104.5	18.8	1.4	31/12/2010
70	103	BG Group	Oil & gas producers	UK	84,230.0	17,358.5	3,388.6	49,780.9	6,238	24.9	24.6	0.8	31/12/2010

Global rank 2011	Global rank 2010	Company	Country	Sector	Market value $m	Turnover $m	Net income $m	Total assets $m	Employees	Price $	P/e ratio	Dividend yield (%)	Year End
71	66	Saudi Basic Industries	Saudi Arabia	Chemicals	84,196.6	40,525.9	5,741.1	84,294.6	33,000	28.1	14.7	3.3	31/12/2010
72	67	Commonwealth Bank of Australia	Australia	Banks	83,936.7	N/R	4,759.7	542,069.7	45,025	54.2	17.4	4.5	30/06/2010
73	86	Sberbank of Russia	Russia	Banks	83,576.6	N/R	5,956.5	282,190.1	257,046	3.8		0.8	31/12/2010
74	56	Goldman Sachs	US	Financial services	82,552.4	N/R	8,354.0	905,093.0	35,700	158.6	12.0	0.9	31/12/2010
75	82	Walt Disney	US	Media	81,830.8	38,063.0	3,963.0	69,206.0	149,000	43.1	21.2	0.9	10/02/2010
76	126	AMX	Mexico	Mobile telecommunications	81,595.4	49,187.6	7,349.3	69,568.7	55,627	2.9	15.9		31/12/2010
77	95	Amazon.com	US	General retailers	81,239.3	34,204.0	1,152.0	18,775.0	33,700	180.1	71.2		31/12/2010
78	79	British American Tobacco	UK	Tobacco	79,904.0	23,218.4	4,491.4	42,822.1	92,285	40.1	17.7	4.5	31/12/2010
79	127	Ambev	Brazil	Beverages	79,604.2	15,200.8	4,555.1	25,053.4	44,900	27.9	18.9	6.1	31/12/2010
80	110	Basf	Germany	Chemicals	79,546.8	85,506.2	6,100.4	78,698.9	103,449	86.6	13.0	3.4	31/12/2010
81	76	McDonald's	US	Travel & leisure	79,384.6	24,074.6	4,946.3	31,384.8	400,000	76.1	16.6	3.0	31/12/2010
82	78	United Technologies	US	Aerospace & defence	77,979.0	54,207.0	4,373.0	56,523.0	208,200	84.7	17.9	2.0	31/12/2010
83	89	Toronto-Dominion Bank	Canada	Banks	77,949.8	N/R	4,557.4	607,990.5	68,725	88.2	17.5	2.7	31/10/2010
84	108	LVMH	France	Personal goods	77,612.9	27,202.2	4,058.9	48,856.8	83,542	158.5	18.6	1.8	31/12/2010
85	83	NTT DoCoMo	Japan	Mobile telecommunications	76,998.4	45,843.1	5,294.2	69,365.2	22,297	1,764.0	13.9	3.2	31/03/2010
86	68	Reliance Industries	India	Oil & gas producers	76,909.0	45,328.0	5,466.6	57,882.2	23,365	23.5	12.8	0.7	31/03/2010
87	49	EDF	France	Electricity	76,664.7	87,235.7	1,365.5	319,189.2	158,764	41.5	56.0	3.7	31/12/2010
88	64	Abbott Laboratories	US	Pharmaceuticals & biotechnology	75,908.8	35,167.0	4,626.0	58,810.2	90,000	49.1	16.6	3.6	31/12/2010
89	70	Westpac Banking	Australia	Banks	75,705.4	N/R	6,137.3	595,733.4	38,962	25.2	12.2	5.4	30/09/2010
90	134	Daimler	Germany	Automobiles & parts	75,385.2	130,871.7	6,021.4	178,336.3	260,100	70.7	12.3	3.5	31/12/2010
91	97	SAP	Germany	Software & computer services	75,209.9	16,685.4	2,424.4	26,914.4	53,513	61.3	30.1	1.3	31/12/2010
92	154	Volkswagen	Germany	Automobiles & parts	72,978.5	169,846.3	9,150.0	261,238.7	399,381	153.7	7.5	1.9	31/12/2010
93	112	Bradesco	Brazil	Banks	71,981.5	N/R	6,037.2	373,516.9	95,248	20.5	12.8	0.3	31/12/2010
94	175	Caterpillar	US	Industrial engineering	71,132.8	42,588.0	2,700.0	61,527.0	104,490	111.4	26.8	1.5	31/12/2010
95	131	Suncor Energy	Canada	Oil & gas producers	70,234.1	33,982.0	3,581.8	70,324.0	12,076	44.7	19.4	0.9	31/12/2010
96	92	L'Oreal	France	Personal goods	69,898.3	26,098.8	2,998.3	31,350.0	66,619	116.6	22.8	2.1	31/12/2010
97	114	Xstrata	UK	Mining	69,240.3	30,841.1	4,740.6	69,409.9	38,561	23.4	14.3	0.9	31/12/2010
98	105	UBS	Switzerland	Banks	69,006.9	N/R	8,066.4	1,400,108.5	64,617	18.0	8.4		31/12/2010
99	87	Honda Motor	Japan	Automobiles & parts	68,300.1	91,797.2	2,871.9	122,201.9	176,815	37.7	23.9	1.0	31/03/2010
100	106	Anglo American	UK	Mining	67,950.0	28,352.5	6,635.9	66,163.5	100,000	51.4	9.3	2.0	31/12/2010
101	119	Comcast	US	Media	67,358.7	37,937.0	3,635.0	118,534.0	102,000	24.7	19.2	1.5	31/12/2010
102	99	Deutsche Telekom	Germany	Mobile telecommunications	66,658.6	83,562.4	2,269.1	164,234.5	246,777	15.4	29.7	6.1	31/12/2010
103	96	3M	US	General industrials	66,553.7	26,662.0	4,001.0	29,508.0	80,057	93.5	16.6	2.2	31/12/2010
104	125	Bank of Nova Scotia	Canada	Banks	65,958.4	N/R	4,159.9	514,657.2	70,772	61.2	15.9	3.2	31/10/2010
105	72	Mitsubishi UFJ Financial	Japan	Banks	65,563.9	N/R	4,159.5	2,177,026.8	84,266	4.6	14.5	2.8	31/03/2010
106	84	Nippon Telegraph & Telephone	Japan	Fixed line telecommunications	65,284.0	108,940.7	5,267.3	193,778.3	194,982	45.1	11.3	2.8	31/03/2010
107	107	Ping An Insurance	China	Life insurance	65,120.7	N/R	2,626.6	177,772.4	128,808	10.1	29.0	0.8	31/12/2010

Global rank 2011	Global rank 2010	Company	Country	Sector	Market value $m	Turnover $m	Net income $m	Total assets $m	Employees	Price $	P/e ratio	Dividend Yield (%)	Year End
108	113	Bayer	Germany	Chemicals	64,120.8	46,972.0	1,741.6	67,379.0	111,400	77.5	36.7	2.6	31/12/2010
109	100	ANZ Banking	Australia	Banks	63,932.5	N/R	4,353.0	513,489.5	46,917	24.6	14.2	5.0	30/09/2010
110	111	Allianz	Germany	Nonlife insurance	63,872.0	N/R	6,764.4	815,459.0	151,338	140.5	9.4	4.3	31/12/2010
111	88	AstraZeneca	UK	Pharmaceuticals & biotechnology	63,514.2	32,741.6	7,925.4	55,284.6	61,100	45.9	8.3	5.5	31/12/2010
112	90	Lloyds Banking Group	UK	Banks	63,388.1	N/R	-499.2	1,540,418.8	122,979	0.9			31/12/2010
113		American International Group	US	Nonlife insurance	63,093.9	N/R	1,583.0	683,443.0	63,000	35.1	3.0		31/12/2010
114	133	Taiwan Semiconductor Manufacturing	Taiwan	Technology hardware & equipment	62,212.0	14,381.8	5,539.8	24,392.5	38,393	2.4	11.4	4.2	31/12/2010
115	171	Novo Nordisk	Denmark	Pharmaceuticals & biotechnology	61,961.4	10,907.5	2,584.9	10,688.3	30,014	125.8	28.1	1.4	31/12/2010
116	73	E On	Germany	Gas, water & multiutilities	61,193.3	124,314.8	7,835.4	201,339.0	85,105	30.6	7.4	6.6	31/12/2010
117	115	Standard Chartered	UK	Banks	60,865.1	N/R	4,380.6	515,595.2	85,231	25.9	13.0	2.6	31/12/2010
118	140	Lukoil	Russia	Oil & gas producers	60,835.3	85,763.3	8,973.1	83,341.0	152,500	71.5	6.5		31/12/2010
119	117	Home Depot	US	General retailers	60,113.9	67,997.0	3,338.0	40,104.0	321,000	37.1	18.4	2.5	30/01/2011
120	91	France Telecom	France	Fixed line telecommunications	59,428.3	60,914.4	6,532.8	120,284.0	161,392	22.4	11.3	4.8	31/12/2010
121	122	Enel	Italy	Electricity	59,355.1	96,309.4	5,876.9	216,914.6	78,313	6.3	10.2	6.0	31/12/2010
122	93	Canon	Japan	Technology hardware & equipment	58,255.5	45,669.0	3,038.2	49,080.7	197,386	43.7	17.8	3.4	31/12/2010
123	118	National Australia Bank	Australia	Banks	58,001.1	N/R	4,085.1	661,438.5	44,551	26.7	14.4	5.5	30/09/2010
124	81	ArcelorMittal	Netherlands	Industrial metals & mining	56,539.9	79,128.1	2,957.2	124,301.2	273,811	36.2	19.5	2.0	31/12/2010
125	161	Ford Motor	US	Automobiles & parts	56,400.2	128,954.0	6,561.0	163,325.0	164,000	14.9	9.0		31/12/2010
126	148	SabMiller	UK	Beverages	56,154.2	13,467.8	1,812.2	37,340.0	70,131	35.4	30.5	1.9	31/03/2010
127	130	ABB	Switzerland	Industrial engineering	55,670.6	35,012.3	2,838.5	35,747.9	116,500	24.1	19.4		31/12/2010
128	124	Oil & Natural Gas	India	Oil & gas producers	55,655.2	22,618.1	4,328.9	44,629.5	32,826	6.5	12.8	0.8	31/03/2010
129	101	Bank of Communications	China	Banks	55,027.2	N/R	5,923.5	598,421.9	85,290	1.1	10.0	1.8	31/12/2010
130	123	Kraft Foods	US	Food producers	54,846.3	49,207.0	5,710.0	95,289.0	127,000	31.4	13.1	3.7	31/12/2010
131	196	EMC	US	Technology hardware & equipment	54,787.1	17,015.1	1,890.7	30,833.3	48,500	26.6	30.2		31/12/2010
132	141	Deutsche Bank	Germany	Banks	54,720.5	N/R	3,092.4	2,539,881.8	102,062	58.9	14.3	1.7	31/12/2010
133	149	United Parcel Service	US	Industrial transportation	54,644.4	49,449.0	3,488.0	33,500.0	400,600	74.3	21.4	2.5	31/12/2010
134	128	BBVA	Spain	Banks	54,559.3	N/R	6,259.7	732,533.9	106,976	11.9	7.8	4.5	31/12/2010
135	116	Boeing	US	Aerospace & defence	54,491.7	64,306.0	3,307.0	64,534.0	160,500	73.9	16.6	2.3	31/12/2010
136	157	Altria Group	US	Tobacco	54,454.4	16,892.0	3,890.0	37,402.0	10,000	26.0	13.9	5.6	31/12/2010
137	138	American Express	US	Financial services	54,348.8	N/R	4,006.0	143,645.0	61,000	45.2	13.5	1.6	31/12/2010
138	85	Barclays	UK	Banks	54,213.7	N/R	5,560.1	2,320,008.9	147,500	4.5	9.3	2.0	31/12/2010
139	169	Canadian Natural Resources	Canada	Oil & gas producers	53,901.9	12,939.8	1,702.1	42,797.4	4,671	49.3	31.4	0.6	31/12/2010
140	150	Walmex	Mexico	General retailers	53,400.3	27,177.6	1,582.0	15,763.8	219,767	3.0		1.0	31/12/2010
141	252	BMW	Germany	Automobiles & parts	53,188.5	80,960.0	4,307.9	143,874.4	95,453	83.4	12.7	2.1	31/12/2010
142	202	Freeport-McMoran Copper & Gold	US	Industrial metals & mining	52,577.9	18,395.0	4,336.0	29,384.0	29,700	55.6	12.2	0.4	31/12/2010
143	155	Banco Brasil	Brazil	Banks	51,965.2	N/R	8,110.2	488,790.5	109,026	18.2			31/12/2010
144	218	Tata Consultancy Services	India	Software & computer services	51,898.5	6,699.5	1,561.8	6,074.2	160,429	26.5	33.6	0.8	31/03/2010

Global rank 2011	Global rank 2010	Company	Country	Sector	Market value $m	Turnover $m	Net income $m	Total assets $m	Employees	Price $	P/e ratio	Dividend yield (%)	Year End
145	189	Barrick Gold	Canada	Mining	51,742.6	11,264.1	3,400.5	32,855.0	20,000	51.8	15.0	0.9	31/12/2010
146	223	E I Du Pont de Nemours	US	Chemicals	50,922.7	31,505.0	3,031.0	37,638.0	60,000	55.0	16.8	3.0	31/12/2010
147	137	US Bancorp	US	Banks	50,888.8	N/R	3,421.0	307,786.0	60,584	26.4	15.8	0.8	31/12/2010
148	152	Iberdrola	Spain	Electricity	50,697.0	40,737.7	3,843.3	120,767.2	31,344	8.7	12.3	2.8	31/12/2010
149	94	Credit Suisse Group	Switzerland	Banks	50,604.2	N/R	5,173.4	1,094,844.1	50,100	42.7	10.2	3.3	31/12/2010
150	237	Hutchison Whampoa	Hong Kong	General industrials	50,481.7	26,911.0	2,577.9	90,964.8	240,000	11.8		2.1	31/12/2010
151	205	Potash Corporation of Saskatchewan	Canada	Chemicals	50,224.6	6,791.3	1,876.0	15,594.2	5,486	58.8	27.7	0.1	31/12/2010
152	216	Apache	US	Oil & gas producers	50,109.9	11,929.0	3,032.0	43,425.0	4,449	130.9	15.5	0.5	31/12/2010
153	164	Inditex	Spain	General retailers	50,083.9	15,266.5	1,810.4	11,158.7	92,301	80.3	27.3	1.9	31/01/2010
154	207	Norilsk Nickel	Russia	Industrial metals & mining	50,058.2	10,635.4	2,723.0	22,702.0	88,000	262.6	16.8	2.6	31/12/2009
155	139	Alcon	US	Health care equipment & services	50,048.6	7,957.0	2,449.5	9,812.0	16,700	165.5	20.3		31/12/2010
156	104	Amgen	US	Pharmaceuticals & biotechnology	49,839.6	15,006.0	4,627.0	43,486.0	17,400	53.5	11.2		31/12/2010
157	188	UnitedHealth Group	US	Health care equipment & services	49,435.0	94,178.0	4,634.0	63,063.0	87,000	45.2	11.0	0.9	31/12/2010
158	120	Tesco	UK	Food & drug retailers	49,141.7	86,753.0	3,547.3	70,099.1	472,094	6.1	13.6	3.3	27/02/2010
159	121	China Merchants Bank	China	Banks	48,845.2	N/R	3,910.0	364,535.4	43,089	2.8	14.9	1.6	31/12/2010
160	147	Societe Generale	France	Banks	48,566.1	N/R	4,793.9	1,508,978.1	160,704	65.1	9.8	3.6	31/12/2010
161	129	Axa	France	Nonlife insurance	48,547.0	N/R	3,680.1	959,574.3	102,957	20.9	12.9	4.4	31/12/2010
162	183	ING	Netherlands	Life insurance	48,543.9	N/R	4,310.6	1,657,159.0	107,106	12.7	12.9		31/12/2010
163	143	Hennes & Mauritz	Sweden	General retailers	48,531.6	15,438.2	2,658.5	8,270.6	59,440	33.2	20.6	4.1	30/11/2010
164	195	General Motors	US	Automobiles & parts	48,429.8	135,592.0	6,172.0	138,590.0	67,000	31.0	10.7		31/12/2010
165	195	Union Pacific	US	Industrial transportation	48,280.1	16,965.0	2,780.0	43,088.0	42,884	98.3	17.8	1.3	31/12/2010
166	109	Unicredit	Italy	Banks	47,772.2	N/R	1,771.1	1,244,296.3	162,009	2.5	30.9	1.6	31/12/2010
167	158	Diageo	UK	Beverages	47,541.2	14,618.9	2,435.0	28,288.5	23,521	19.0	19.4	3.0	30/06/2010
168	153	Mitsubishi	Japan	Support services	47,282.3	48,594.1	2,922.7	116,185.7	58,583	27.9	15.7	1.5	31/03/2010
169	98	Teva Pharmaceutical	Israel	Pharmaceuticals & biotechnology	47,235.7	17,054.0	3,523.8	38,075.0	39,660	50.3	12.8	1.6	31/12/2010
170	204	Metlife	US	Life insurance	47,197.1	N/R	2,790.0	730,906.0	66,000	44.7	14.9	1.7	31/12/2010
171	172	News Corp	US	Media	46,977.5	32,778.0	2,539.0	54,243.0	51,000	17.6	18.1	0.9	30/06/2010
172	132	CVS Caremark	US	Food & drug retailers	46,886.8	96,413.0	3,427.0	62,169.0	280,000	34.3	13.8	1.0	31/12/2010
173	213	Honeywell International	US	General industrials	46,876.9	33,389.0	2,022.0	36,616.0	130,000	59.7	23.1	2.0	31/12/2010
174	242	Schneider Electric	France	Electronic & electrical equipment	46,543.7	26,211.6	2,302.6	40,198.2	123,482	171.1	19.4	2.5	31/12/2010
175	145	Santander Brasil	Brazil	Banks	46,256.7	N/R	4,447.1	217,492.8	54,000	12.2			31/12/2010
176	279	Halliburton	US	Oil equipment & services	45,521.7	17,973.0	1,835.0	18,297.0	58,000	49.8	24.8	0.7	31/12/2010
177	151	Bristol Myers Squibb	US	Pharmaceuticals & biotechnology	45,054.7	19,484.0	3,090.0	30,226.0	27,000	26.4	14.8	4.9	31/12/2010
178	197	Tencent Holdings	Hong Kong	Software & computer services	44,747.2	2,980.7	1,221.9	5,402.9	10,692	24.4	36.4	0.3	31/12/2010
179	220	Dow Chemical	US	Chemicals	44,290.1	53,674.0	2,310.0	67,509.0	49,505	37.8	21.9	1.6	31/12/2010
180	170	Nordea Bank	Sweden	Banks	44,280.6	N/R	3,746.6	777,190.9	33,809	11.0	11.8	3.5	31/12/2010
181	146	Sumitomo Mitsui Financial	Japan	Banks	44,120.9	N/R	2,905.7	1,310,010.9	57,888	31.2	11.7	3.4	31/03/2010

Global rank 2011	Global rank 2010	Company	Country	Sector	Market value $m	Turnover $m	Net income $m	Total assets $m	Employees	Price $	P/e ratio	Dividend yield (%)	Year End
182	186	Emerson Electric	US	Electronic & electrical equipment	44,062.8	21,044.0	2,164.0	22,843.0	127,700	58.4	20.6	2.3	30/09/2010
183	174	Surgutneftegas	Russia	Oil & gas producers	43,418.2	17,372.9	3,835.5	43,027.1		1.1		0.9	31/12/2009
184	286	Softbank	Japan	Mobile telecommunications	43,363.8	29,568.4	1,034.9	46,119.4	21,885	40.1	41.7	0.1	31/03/2010
185	229	Imperial Oil	Canada	Oil & gas producers	43,186.2	25,021.1	2,216.7	20,642.0	4,970	50.9	19.4	0.8	31/12/2010
186	176	Danone	France	Food producers	42,382.5	22,771.1	2,503.4	36,744.4	100,995	65.4	16.0	2.7	31/12/2010
187	166	Morgan Stanley	US	Financial services	42,226.6	N/R	3,845.0	807,698.0	62,542	27.3	10.4	0.7	31/12/2010
188	214	Ericsson	Sweden	Technology hardware & equipment	42,148.2	30,282.6	1,659.9	40,071.1	90,261	12.9	24.8	2.6	31/12/2010
189	136	Medtronic	US	Health care equipment & services	42,080.0	15,817.0	3,099.0	28,090.0	43,000	39.4	14.1	2.1	30/04/2010
190	260	Repsol YPF	Spain	Oil & gas producers	41,883.5	74,344.2	6,282.5	87,868.9	43,298	34.3	6.7	4.1	31/12/2010
191	225	Infosys Technologies	India	Software & computer services	41,465.2	5,073.7	1,397.9	6,091.5	113,800	72.6	29.9	0.8	31/03/2010
192	198	Anadarko Petroleum	US	Oil & gas producers	41,217.6	10,841.0	761.0	51,559.0	4,400	81.9	53.9	0.4	31/12/2010
193	187	Zurich Financial Services	Switzerland	Nonlife insurance	41,202.8	N/R	3,806.1	354,783.7	54,934	281.0	10.7	6.5	31/12/2010
194	228	A P Møller - Maersk	Denmark	Industrial transportation	40,926.7	56,604.1	4,747.9	66,330.1	108,110	9,419.3	8.6	1.9	31/12/2010
195	311	Deere	US	Industrial engineering	40,794.7	26,004.6	1,865.0	40,789.7	55,700	96.9	22.3	1.2	31/10/2010
196	316	Hyundai Motor	South Korea	Automobiles & parts	40,764.0	100,430.0	4,853.6	104,980.4	56,137	185.1	10.5	0.7	31/12/2010
197	160	Eli Lilly	US	Pharmaceuticals & biotechnology	40,715.1	23,076.0	5,069.5	31,001.4	38,350	35.2	7.7	5.6	31/12/2010
198	181	Sun Hung Kai Properties	Hong Kong	Real estate investment & services	40,707.2	13,966.0	3,600.7	45,145.6	32,000	15.8	11.3	2.2	30/06/2010
199	246	Texas Instruments	US	Technology hardware & equipment	40,400.7	13,966.0	3,184.0	12,474.0	28,412	34.6	13.2	1.4	31/12/2010
200	394	Novatek	Russia	Oil & gas producers	40,366.1	3,811.8	1,325.4	9,279.6		13.3	30.2	1.0	31/12/2010
201	206	eBay	US	General retailers	40,276.5	9,145.1	1,801.0	22,003.8	17,700	31.0	22.8		31/12/2010
202	179	Nissan Motor	Japan	Automobiles & parts	40,254.4	80,434.9	453.6	107,868.4	157,624	8.9			31/03/2010
203	167	Posco	South Korea	Industrial metals & mining	40,137.9	54,089.0	3,729.7	60,225.1		460.4	9.6	1.9	31/12/2010
204	276	Goldcorp	Canada	Mining	39,677.6	3,946.7	1,626.6	28,806.8		49.7	22.4	0.4	31/12/2010
205	159	Colgate-Palmolive	US	Personal goods	39,609.4	15,564.0	2,203.0	11,088.0	39,200	80.8	18.7	2.5	31/12/2010
206	168	Credit Agricole	France	Banks	39,466.7	N/R	1,690.8	2,126,253.4	87,520	16.4	22.8	3.7	31/12/2010
207	256	State Bank of India	India	Banks	39,412.8	N/R	2,617.8	322,761.1	200,299	62.1	15.1	1.1	31/03/2010
208	262	Devon Energy	US	Oil & gas producers	39,185.8	9,129.0	4,550.0	32,927.0	5,000	91.8	8.9	0.7	31/12/2010
209	289	China Unicom	Hong Kong	Mobile telecommunications	39,138.1	25,329.7	569.4	66,242.7	215,600	1.7		0.6	31/12/2010
210	249	Ogx Petroleo	Brazil	Oil & gas producers	39,055.6		-74.4	6,017.2	213	12.1			31/12/2010
211	203	Time Warner	US	Media	39,014.1	26,888.0	2,578.0	66,524.0	31,000	35.7	15.9	2.4	31/12/2010
212	142	Nintendo	Japan	Leisure goods	38,887.2	15,347.7	2,446.4	18,458.1	4,425	274.5	14.3	3.6	31/03/2010
213	177	Monsanto	US	Food producers	38,782.0	10,502.0	1,109.0	16,853.0	21,400	72.3	36.0	1.5	31/08/2010
214	162	Blackrock	US	Financial services	38,547.7	N/R	2,051.0	178,449.0	9,127	201.0	19.1	2.0	31/12/2010
215	180	Royal Bank of Scotland	UK	Banks	38,301.7	N/R	-1,561.6	2,257,723.5	145,500	0.7			31/12/2010
216	200	Singapore Telecom	Singapore	Mobile telecommunications	38,179.9	12,059.3	2,792.9	26,491.4	23,000	2.4	13.3	4.2	31/03/2010
217	222	Wesfarmers	Australia	General retailers	38,092.3	43,264.9	1,315.1	32,460.7	200,930	32.9	28.6	3.2	30/06/2010
218	269	MTN Group	South Africa	Mobile telecommunications	38,075.7	17,324.2	2,160.2	23,382.0		20.2		1.4	31/12/2010

Global rank 2011	Global rank 2010	Company	Country	Sector	Market value $m	Turnover $m	Net income $m	Total assets $m	Employees	Price $	P/e ratio	Dividend yield (%)	Year End
219	224	Woodside Petroleum	Australia	Oil & gas producers	37,915.6	4,658.2	1,749.8	20,155.0	3,650	48.4	21.3	2.3	31/12/2010
220	350	Marathon Oil	US	Oil & gas producers	37,898.3	66,993.0	2,568.0	50,014.0	29,677	53.3	14.8	1.9	31/12/2010
221	233	Air Liquide	France	Chemicals	37,817.3	18,056.3	1,879.0	29,760.8	43,600	133.1	19.9	2.4	31/12/2010
222	251	Cheung Kong Holdings	Hong Kong	Real estate investment & services	37,758.1	N/R	3,406.4	42,278.6	9,500	16.3		2.3	31/12/2010
223	144	Intesa Sanpaolo	Italy	Banks	37,578.2	N/R	3,619.2	881,383.9	98,798	3.0	12.3	3.7	31/12/2010
224	231	TeliaSonera	Sweden	Mobile telecommunications	37,443.0	15,872.2	3,165.6	35,964.6	28,945	8.7	12.4	4.7	31/12/2010
225	369	Volvo	Sweden	Industrial engineering	37,407.8	39,426.4	1,618.2	45,524.4	90,409	17.6	22.0	2.1	31/12/2010
226	173	Reckitt Benckiser	UK	Household goods & home construction	37,269.2	13,187.2	2,446.2	20,594.4	27,200	51.3	15.1	3.5	31/12/2010
227	292	Sasol	South Africa	Oil & gas producers	37,164.9	15,933.6	2,077.6	20,251.3	33,339	57.9	16.6	2.4	30/06/2010
228	192	Bank of New York Mellon	US	Financial services	37,096.7	N/R	2,518.0	247,259.0	48,000	29.9	14.4	1.2	31/12/2010
229		AIA Group	Hong Kong	Life insurance	37,084.9	N/R	2,701.6	107,249.0	21,000	3.1			30/11/2010
230	234	DirecTV	US	Media	37,045.7	24,102.0	2,198.0	17,589.0	16,300	46.8	20.3		31/12/2010
231	199	Walgreen	US	Food & drug retailers	37,025.8	67,420.0	2,091.0	26,362.0	244,000	40.1	18.9	1.5	31/08/2010
232	211	Takeda Pharmaceutical	Japan	Pharmaceuticals & biotechnology	36,967.9	15,685.8	3,185.9	30,138.4	19,654	46.8	11.6	4.1	31/03/2010
233	221	Bank of Montreal	Canada	Banks	36,815.9	N/R	2,757.6	403,962.9	37,947	64.8	13.8	4.2	31/10/2010
234	156	Visa	US	Financial services	36,417.8	N/R	2,966.0	33,408.0	6,800	73.6	18.4	0.7	30/09/2010
235	305	Fanuc	Japan	Industrial engineering	36,382.8	2,711.3	401.4	9,540.7	4,926	151.9	75.6	0.4	31/03/2010
236	263	VTB Bank	Russia	Banks	36,328.4	N/R	1,903.1	139,073.1	51,781	0.0			31/12/2010
237	217	Telstra	Australia	Fixed line telecommunications	36,288.2	20,851.4	3,263.0	33,007.7	41,690	2.9	10.8	8.2	30/06/2010
238	193	Japan Tobacco	Japan	Tobacco	36,257.2	65,641.2	1,481.4	40,523.3	49,665	3,625.7	23.4	1.7	31/03/2010
239	245	Mizuho Financial Group	Japan	Banks	36,169.4	N/R	2,561.6	1,666,209.8	57,014	1.7	9.8	5.4	31/03/2010
240		Hyundai Heavy Industries	South Korea	Industrial engineering	35,888.6	19,982.3	3,354.4	25,764.2	70,856	472.2		1.3	31/12/2010
241	135	RWE	Germany	Gas, water & multiutilities	35,754.8	67,901.0	4,428.4	121,400.4	70,856	63.8	7.7	7.4	31/12/2010
242	285	Accenture	US	Support services	35,691.0	23,094.1	1,780.7	12,303.1	204,000	55.0	20.7	1.5	31/08/2010
243	184	NTPC	India	Electricity	35,685.0	10,778.3	1,971.7	28,794.7	24,955	4.3	18.0	1.8	31/03/2010
244	226	Vivendi	France	Media	35,381.2	38,658.7	2,942.4	76,515.5	54,561	28.6	12.0	6.6	31/12/2010
245	281	Mosaic	US	Chemicals	35,134.2	6,759.1	827.1	12,401.8	7,500	78.8	42.6	0.3	31/05/2010
246	209	Lowe's Companies	US	General retailers	34,843.2	48,815.0	1,993.0	33,699.0	234,000	26.4	18.6	1.6	28/01/2011
247	240	Vinci	France	Construction & materials	34,790.7	45,519.5	2,377.4	75,325.8	179,527	62.6	13.9	3.6	31/12/2010
248	178	Target	US	General retailers	34,660.1	67,390.0	2,920.0	43,705.0	355,000	50.0	12.5	1.8	29/01/2011
249	264	Canadian National Railway	Canada	Industrial transportation	34,497.2	8,322.0	2,110.3	25,281.9	15,462	75.2	16.6	1.4	31/12/2010
250	310	Boc Hong Kong	Hong Kong	Banks	34,457.9	N/R	2,083.6	213,672.6	13,806	3.3	16.3	4.0	31/12/2010
251	283	Southern Copper	US	Industrial metals & mining	34,229.5	5,149.5	1,554.0	8,084.1	11,126	40.3	22.0	4.2	31/12/2010
252	298	Danaher	US	Electronic & electrical equipment	34,211.5	13,202.6	1,793.0	22,217.1	48,200	51.9	19.7	0.2	31/12/2010
253	379	Komatsu	Japan	Industrial engineering	34,042.6	15,317.7	359.1	20,571.7	38,518	34.1		0.5	31/03/2010
254	267	CIBC	Canada	Banks	33,957.7	N/R	2,406.3	344,721.8	42,354	85.9	14.9	4.0	31/10/2010
255	254	Itausa	Brazil	Financial services	33,943.5	N/R	2,661.6	166,090.2	125,000	7.9	12.9	2.4	31/12/2010

Global rank 2011	Global rank 2010	Company	Country	Sector	Market value $m	Turnover $m	Net income $m	Total assets $m	Employees	Price $	P/e ratio	Dividend yield (%)	Year End
256	194	Hon Hai Precision Industry	Taiwan	Electronic & electrical equipment	33,839.7	61,244.0	2,365.9	31,946.0	611,000	3.5	14.0	1.7	31/12/2009
257	191	Generali	Italy	Nonlife insurance	33,758.8	N/R	2,278.3	552,983.1	85,368	21.7	14.8	2.8	31/12/2010
258	232	Woolworths	Australia	Food & drug retailers	33,716.2	43,440.8	1,698.2	15,172.1	188,000	27.8	20.0	3.5	27/06/2010
259	165	Gilead Sciences	US	Pharmaceuticals & biotechnology	33,677.5	7,949.4	2,901.3	11,439.3	4,000	42.5	12.8		31/12/2010
260	326	National Grid	UK	Gas, water & multiutilities	33,402.3	20,655.5	2,103.2	66,089.5	28,106	9.5	12.7	5.5	31/03/2010
261	185	China Citic Bank	China	Banks	33,384.4	N/R	3,263.4	315,387.8		0.7			31/12/2010
262	478	National Oilwell Varco	US	Oil equipment & services	33,378.3	12,146.0	1,667.0	22,709.0	35,584	79.3	19.9	0.5	31/12/2010
263	341	PTT	Thailand	Oil & gas producers	33,346.4	63,194.2	2,763.5	41,040.0	12,541	11.7	12.1	2.9	31/12/2010
264	241	PNC Financial Services	US	Banks	33,101.8	N/R	3,401.0	264,284.0	50,769	63.0	11.0	0.6	31/12/2010
265	243	Mitsui	Japan	Support services	32,906.2	43,832.0	1,602.0	89,405.0	41,454	18.0	20.4	1.1	31/03/2010
266	247	Thomson Reuters	Canada	Media	32,620.4	13,070.0	909.0	35,463.0	57,900	39.1	36.2	3.0	31/12/2010
267	319	Saint Gobain	France	Construction & materials	32,546.5	53,706.9	1,511.4	57,961.3	187,891	61.3	21.0	2.5	31/12/2010
268	235	Corning	US	Technology hardware & equipment	32,302.3	6,631.0	3,558.0	23,043.0	26,200	20.6	9.2	1.0	31/12/2010
269	182	Sony	Japan	Leisure goods	32,291.6	77,224.6	-436.6	133,349.6	167,900	32.1		0.8	31/03/2010
270	288	Southern	US	Electricity	32,226.4	17,458.0	2,040.0	53,752.0	25,940	38.1	16.1	4.7	31/12/2010
271	102	Nokia	Finland	Technology hardware & equipment	32,072.6	56,822.0	2,476.6	50,237.0	132,427	8.6	12.8	6.3	31/12/2010
272	294	Costco Wholesale	US	General retailers	32,030.5	77,946.0	1,304.0	23,805.0	147,000	73.3	25.1	1.1	29/08/2010
273		HTC	Taiwan	Technology hardware & equipment	31,975.9	9,555.9	1,355.2	6,445.2	12,575	39.1	23.6	0.8	31/12/2010
274		Baker Hughes	US	Oil equipment & services	31,887.7	14,414.0	812.0	22,986.0	53,100	73.4	35.6	0.5	31/12/2010
275	332	Eog Resources	US	Oil & gas producers	31,783.2	5,790.9	160.7	21,624.2	2,290	118.5			31/12/2010
276	425	Atlas Copco	Sweden	Industrial engineering	31,766.8	10,405.8	1,477.4	10,471.0	32,790	26.6	22.0	2.2	31/12/2010
277	236	Philips Electronics	Netherlands	Leisure goods	31,562.0	34,028.2	1,935.8	41,389.6	119,001	32.0	15.5	3.2	31/12/2010
278	309	Heineken	Netherlands	Beverages	31,514.8	21,597.1	1,922.4	34,966.6	65,730	54.7	16.0	1.9	31/12/2010
279		Newcrest Mining	Australia	Mining	31,502.9	2,354.5	468.0	5,094.4	7,600	41.2	42.5	0.5	30/06/2010
280	352	ITC	India	Tobacco	31,485.3	4,267.2	929.9	5,309.8	23,473	4.1	33.9	0.7	31/03/2010
281	239	Imperial Tobacco	UK	Tobacco	31,456.3	23,613.3	2,366.4	47,901.0	38,300	30.9	13.2	4.3	30/09/2010
282	212	Manulife Financial	Canada	Life insurance	31,401.4	N/R	-392.2	418,986.4	24,819	17.7		2.9	31/12/2010
283	328	Simon Property Group	US	Real estate investment trusts	31,393.9	N/R	617.0	24,848.4	5,900	107.2	51.0	2.4	31/12/2010
284	190	Panasonic	Japan	Leisure goods	31,314.3	79,372.4	-1,107.1	85,596.2	384,586	12.8		0.9	31/03/2010
285	315	Formosa Petrochemical	Taiwan	Oil & gas producers	31,260.2	25,672.2	1,402.9	15,323.3	5,604	3.3	21.9	4.0	31/12/2010
286	299	Teck Resources	Canada	Industrial metals & mining	31,215.2	9,367.1	1,865.6	28,980.0	9,100	52.8	16.7	0.9	31/12/2010
287	270	Mastercard	US	Financial services	31,126.7	N/R	1,843.0	8,832.0	5,600	251.7	17.9	0.2	31/12/2010
288	215	Al Rajhi Bank	Saudi Arabia	Banks	31,098.8	N/R	1,805.6	49,291.5	9,578	20.7	17.3	3.9	31/12/2010
289	208	China Pacific Insurance	China	Life insurance	30,960.8	N/R	1,298.3	72,180.2	74,590	4.2	27.7	1.2	31/12/2010
290	287	Hang Seng Bank	Hong Kong	Banks	30,871.9	N/R	1,919.1	117,960.6	9,642	16.1	16.1	4.1	31/12/2010
291	293	Syngenta	Switzerland	Chemicals	30,865.4	12,902.5	1,548.4	16,460.9	26,200	326.3	19.5	2.3	31/12/2010
292	210	Baxter International	US	Health care equipment & services	30,852.2	12,846.0	1,420.0	16,350.0	48,000	53.8	22.5	2.2	31/12/2010

Global rank 2011	Global rank 2010	Company	Country	Sector	Market value $m	Turnover $m	Net income $m	Total assets $m	Employees	Price $	P/e ratio	Dividend yield (%)	Year End
293	306	Praxair	US	Chemicals	30,545.8	10,116.0	1,195.0	15,274.0	26,261	101.6	26.5	1.8	31/12/2010
294		Las Vegas Sands	US	Travel & leisure	30,671.6	6,853.2	599.4	21,033.9	34,000	42.2			30/11/2010
295	227	Carnival	US/UK	Travel & leisure	30,516.9	14,469.0	1,978.0	37,490.0	89,200	38.4	15.5	1.0	30/11/2010
296	290	Bharti Airtel	India	Mobile telecommunications	30,443.2	9,332.2	2,044.3	16,746.2	18,354	8.0	14.9		31/03/2010
297	386	Richemont	Switzerland	Personal goods	30,268.7	7,376.1	853.6	10,018.9	19,137	58.0	37.4	0.6	31/03/2010
298	362	Fortum	Finland	Electricity	30,205.7	8,428.4	1,740.3	29,214.2	10,585	34.0	17.3	3.9	31/12/2010
299	219	Carrefour	France	Food & drug retailers	30,116.6	120,614.6	579.7	70,795.3	475,976	44.3	16.3	3.3	31/12/2010
300	268	Prudential Financial	US	Life insurance	30,016.5	N/R	2,716.0	539,854.0	41,044	61.6	10.7	1.9	31/12/2010
301	255	Shanghai Pudong Development Bank	China	Banks	29,843.5	N/R	2,909.8	332,505.5	28,081	2.1	7.8		31/12/2010
302	370	Jardine Strategic	Hong Kong	General industrials	29,767.2	25,484.1	3,533.1	46,476.0	46,915	26.7	4.7	0.8	31/12/2010
303	230	Munich Re	Germany	Nonlife insurance	29,687.4	N/R	3,242.3	301,083.4	2,375	157.5	9.0	5.3	31/12/2010
304	401	Cenovus Energy	Canada	Oil & gas producers	29,628.4	13,012.1	996.0	22,161.5		39.4	29.6	2.1	31/12/2010
305	258	Fedex	US	Industrial transportation	29,529.8	34,734.0	1,184.0	24,902.0	269,400	93.6	24.9	0.5	31/05/2010
306	163	Research In Motion	Canada	Technology hardware & equipment	29,528.8	15,653.8	2,572.3	10,204.4	13,873	56.4	12.4		27/02/2010
307	291	Denso	Japan	Automobiles & parts	29,440.5	31,850.8	785.7	35,461.2	120,812	33.3	34.0	0.9	31/03/2010
308	271	Express Scripts	US	Health care equipment & services	29,424.4	44,973.2	1,181.2	10,557.8	13,170	55.6	25.6		31/12/2010
309	259	Nike	US	Personal goods	29,409.8	18,962.6	1,906.7	13,873.5	34,400	75.7	19.6	1.4	31/05/2010
310	380	Grupo Mexico	Mexico	Industrial metals & mining	29,074.7	8,314.6	1,759.9	14,822.6		3.7			31/12/2010
311		Hyundai Mobis	South Korea	Automobiles & parts	29,062.5	12,214.7	2,161.2	12,364.6		298.6	25.4	0.4	31/12/2010
312	302	Tenaris	Argentina	Industrial metals & mining	29,032.7	7,820.6	1,143.3	14,153.8	25,422	24.6	25.4	1.2	31/12/2010
313	397	CSX	US	Industrial transportation	28,973.5	10,636.0	1,563.0	28,141.0	26,000	78.6	19.4	0.5	31/12/2010
314	384	Hess	US	Oil & gas producers	28,916.7	33,862.0	2,125.0	33,229.0	13,800	85.2	13.2	3.3	31/12/2010
315	375	Prudential	UK	Life insurance	28,828.5	N/R	2,232.5	401,362.9	25,992	11.3	12.7	5.2	31/12/2010
316	296	Telecom Italia	Italy	Fixed line telecommunications	28,759.9	36,909.0	4,178.1	116,824.8	84,200	1.5	7.3	1.1	31/12/2010
317	330	ICICI Bank	India	Banks	28,739.4	N/R	1,041.9	108,619.2	35,256	25.0	26.8	2.2	31/03/2010
318	253	General Dynamics	US	Aerospace & defence	28,584.3	32,466.0	2,624.0	32,186.0	90,000	76.6	11.2	2.6	31/12/2010
319	372	Jardine Matheson	Hong Kong	General industrials	28,416.7	30,036.7	3,082.3	47,943.0	66,656	44.5	5.2	1.0	31/12/2010
320	377	Viacom	US	Media	28,329.1	12,449.3	1,138.3	21,940.0	10,900	46.5	25.0	4.0	30/09/2010
321	312	Transcanada	Canada	Oil equipment & services	28,267.6	8,102.3	1,275.8	46,729.2	4,230	40.4	22.6	1.3	31/12/2010
322	355	Johnson Controls	US	Automobiles & parts	28,157.3	34,305.0	1,491.0	24,307.0	137,000	41.6	19.0	3.3	30/09/2010
323	238	Lockheed Martin	US	Aerospace & defence	28,101.6	45,803.0	2,926.0	31,585.0	132,000	80.4	10.1	0.7	31/12/2010
324	308	Franklin Resources	US	Financial services	27,901.0	N/R	1,438.1	10,708.1	7,927	125.1	19.8	2.1	30/09/2010
325	337	KDDI	Japan	Mobile telecommunications	27,867.8	36,831.0	2,276.6	39,794.8	18,301	6,213.8	12.2	0.8	31/03/2010
326	465	Inpex	Japan	Oil & gas producers	27,833.2	8,992.6	1,147.2	21,284.6	1,870	7,613.4	15.6	0.8	31/03/2010
327		LG Chem	South Korea	Chemicals	27,790.4	17,368.5	1,925.2	11,264.3	9,056	419.3	16.2	0.9	31/12/2010
328	244	Wilmar International	Singapore	Food producers	27,720.6	32,143.0	1,400.9	33,757.6	88,000	4.3			31/12/2010
329	257	Dell	US	Technology hardware & equipment	27,666.9	61,599.0	2,635.0	38,524.0	103,300	14.5	10.7		28/01/2011

Global rank 2011	Global rank 2010	Company	Country	Sector	Market value $m	Turnover $m	Net income $m	Total assets $m	Employees	Price $	P/e ratio	Dividend Yield (%)	Year End
330	439	Starbucks	US	Travel & leisure	27,564.7	10,707.4	945.6	6,190.6	137,000	37.0	29.8	1.0	10/03/2010
331	304	CEZ	Czech Republic	Electricity	27,507.3	10,622.5	2,523.1	29,009.0	32,937	51.1		5.2	31/12/2010
332	261	Exelon	US	Electricity	27,309.7	18,644.0	2,563.0	52,240.0	19,214	41.2	10.7	5.1	31/12/2010
333	347	Telenor	Norway	Mobile telecommunications	27,273.1	16,284.5	2,461.0	29,313.5	33,200	16.5		4.0	31/12/2010
334	346	BCE	Canada	Fixed line telecommunications	27,245.4	18,123.4	2,283.9	39,344.1	50,200	36.2	12.6	5.0	31/12/2010
335	327	Anglo American Platinum	South Africa	Mining	27,159.6	6,952.5	1,504.4	12,659.0	54,022	103.1	17.4	1.0	31/12/2010
336	324	Husky Energy	Canada	Oil & gas producers	26,975.7	18,232.7	1,176.5	29,220.7	4,380	30.3	21.8	4.0	31/12/2010
337	391	Linde	Germany	Chemicals	26,933.7	17,226.3	1,345.4	35,585.1	48,430	158.2	19.8	1.9	31/12/2010
338	320	Newmont Mining	US	Mining	26,922.6	9,540.0	2,277.0	24,226.0	15,500	54.6	12.0	0.9	31/12/2010
339	342	Centrica	UK	Gas, water & multiutilities	26,876.0	34,981.2	3,018.7	29,698.9	34,442	5.2	8.8	4.2	31/12/2010
340	334	DBS Group Holdings	Singapore	Banks	26,819.1	N/R	1,272.0	221,049.8	15,000	11.6		3.8	31/12/2010
341	329	Illinois Tool Works	US	Industrial engineering	26,788.3	15,870.4	1,527.2	15,626.9	61,000	53.7	17.7	2.4	31/12/2010
342	266	Celgene	US	Pharmaceuticals & biotechnology	26,766.6	3,578.1	880.5	10,148.3	4,182	57.6	30.6		31/12/2010
343	418	Astra International	Indonesia	Automobiles & parts	26,500.8	14,429.0	1,594.6	12,406.9	93,544	6.6	16.8		31/12/2010
344	383	Novolipetsk Steel	Russia	Industrial metals & mining	26,381.1	8,320.2	1,250.5	13,877.6		4.4		1.4	31/12/2010
345	340	Wipro	India	Software & computer services	26,317.4	6,071.2	1,033.2	7,269.2	108,071	10.7	25.5	0.7	31/03/2010
346	295	Kimberly-Clark	US	Personal goods	26,307.7	19,746.0	1,843.0	19,552.0	57,000	65.3	14.7	4.0	31/12/2010
347	282	Industrial Bank	China	Banks	26,272.1	N/R	2,810.2	280,653.3	29,914	4.4	8.8	1.6	31/12/2010
348	280	Great West Lifeco	Canada	Life insurance	26,244.2	N/R	1,748.3	130,800.5	17,450	27.7	15.7	4.5	31/12/2010
349	265	Wellpoint	US	Health care equipment & services	26,206.9	58,841.2	2,887.1	50,166.9	37,500	69.8	10.1		31/12/2010
350	300	KPN	Netherlands	Fixed line telecommunications	26,068.1	17,836.7	2,400.3	28,001.4	30,599	17.1	11.1	6.3	31/12/2010
351	361	Saic Motor	China	Automobiles & parts	26,039.9	47,413.8	2,083.1	34,722.5	5,536	2.8	11.5	1.1	31/12/2010
352	358	Norfolk Southern	US	Industrial transportation	25,955.5	9,516.0	1,488.0	28,199.0	28,559	69.3	17.3	2.0	31/12/2010
353	321	Kweichow Moutai	China	Beverages	25,920.7	1,576.7	766.4	3,839.9	10,062	27.5	33.9	1.3	31/12/2010
354	313	Dominion Resources	US	Electricity	25,906.6	14,573.0	2,808.0	42,817.0	15,800	44.7	9.4	4.1	31/12/2010
355	278	Covidien	US	Health care equipment & services	25,650.5	10,429.0	1,632.0	20,199.0	41,500	51.9	16.4	1.4	24/09/2010
356	404	Travelers Cos.	US	Nonlife insurance	25,639.0	N/R	3,191.0	104,688.0	32,000	59.5	9.0	2.4	31/12/2010
357	348	Christian Dior	France	Personal goods	25,615.9	28,277.2	1,688.1	54,214.3	86,818	141.0	14.9	2.0	31/12/2010
358	399	Automatic Data Processing	US	Support services	25,471.1	8,927.7	1,211.4	26,777.7	47,000	51.3	21.4	2.6	30/06/2010
359	387	Mitsubishi Electric	Japan	Industrial engineering	25,441.0	35,880.3	302.6	31,564.4	109,565	11.9		0.3	31/03/2010
360	333	Oversea-Chinese Banking	Singapore	Banks	25,362.3	N/R	1,756.4	178,646.2	21,585	7.6	14.6	3.0	31/12/2010
361	459	Encana	Canada	Oil & gas producers	25,347.8	9,212.8	1,556.9	34,020.0	4,169	34.5	16.3	2.4	31/12/2010
362	273	Talisman Energy	Canada	Oil & gas producers	25,343.0	6,822.5	650.0	24,095.3	3,078	24.6	52.4	1.0	31/12/2010
363		Transocean	Switzerland	Oil equipment & services	25,182.7	9,576.0	956.0	36,811.0	18,050	78.9	26.4		31/12/2010
364		International Power	UK	Gas, water & multiutilities	25,143.2	5,216.8	226.2	22,040.5	3,520	4.9		3.4	31/12/2010
365	419	Kia Motors	South Korea	Automobiles & parts	25,059.1	37,723.0	2,355.5	24,613.1	32,599	62.9	10.6	0.7	31/12/2010
366		DnB Nor	Norway	Banks	24,983.7	N/R	2,543.6	319,483.1	13,365	15.3	10.3	4.5	31/12/2010

Global rank 2011	Global rank 2010	Company	Country	Sector	Market value $m	Turnover $m	Net income $m	Total assets $m	Employees	Price $	P/e ratio	Dividend Yield (%)	Year End
367		Priceline.com	US	Travel & leisure	24,892.3	3,084.9	527.5	2,754.5	3,400	506.4	48.9		31/12/2010
368		Gazprom Neft	Russia	Oil & gas producers	24,819.2	26,045.4	3,136.5	31,844.0		5.2	7.8	2.9	31/12/2010
369	303	Aflac	US	Life insurance	24,817.8	N/R	2,344.0	101,039.0	7,919	52.8	10.7	2.2	31/12/2010
370		Cognizant Technology Solutions	US	Software & computer services	24,763.1	4,592.4	733.5	4,473.3	104,000	81.4	34.3		31/12/2010
371	323	Holcim	Switzerland	Construction & materials	24,740.4	23,183.0	1,265.5	46,974.1	80,310	75.6	19.1	2.1	31/12/2010
372	349	Pernod-Ricard	France	Beverages	24,710.5	8,667.1	1,164.0	31,578.9	18,917	93.5	21.1	1.8	30/06/2010
373	366	Henkel	Germany	Household goods & home construction	24,642.3	20,203.5	1,496.7	22,981.3	47,854	52.3	15.2	1.9	31/12/2010
374	415	Time Warner Cable	US	Media	24,497.1	18,868.0	1,299.0	45,822.0	47,500	71.3	19.6	2.2	31/12/2010
375	400	HDFC Bank	India	Banks	24,442.2	N/R	670.1	49,551.3	51,888	52.5	34.3	0.5	31/03/2010
376	325	Standard Bank	South Africa	Banks	24,404.2	N/R	1,686.0	201,862.7	53,351	15.4		3.8	31/12/2010
377		Falabella	Chile	General retailers	24,340.3	9,468.0	884.6	13,998.9	48,000	10.1	27.4	1.3	31/12/2010
378	248	Siderurgica Nacional	Brazil	Industrial metals & mining	24,322.9	8,705.1	1,515.9	21,813.4	19,000	16.4	15.8	4.7	31/12/2010
379	410	Chunghwa Telecom	Taiwan	Fixed line telecommunications	24,164.1	6,939.3	1,632.0	15,557.6	28,134	3.1	14.8	7.7	31/12/2010
380	368	Duke Energy	US	Gas, water & multiutilities	24,159.2	14,310.0	1,320.0	59,090.0	18,440	18.2	18.2	5.3	31/12/2010
381	440	Yum! Brands	US	Travel & leisure	24,017.4	11,343.0	1,158.0	7,950.0	378,000	51.4	21.6	1.8	25/12/2010
382	413	Capital One Financial	US	Financial services	23,832.2	N/R	2,743.0	197,503.0	27,826	52.0	8.6	0.4	31/12/2010
383	489	EADS	France	Aerospace & defence	23,809.2	61,247.7	740.3	105,672.2	121,691	29.1	32.0	1.0	31/12/2010
384	486	Criteria CaixaCorp	Spain	Financial services	23,751.5	N/R	2,440.3	67,544.3	6,690	7.1	9.8	2.3	31/12/2010
385		China Everbright Bank	China	Banks	23,648.9	N/R	1,940.7	225,161.7	22,267	0.6	10.7		31/12/2010
386	344	Stryker	US	Health care equipment & services	23,643.8	7,320.0	1,273.4	10,646.8	20,036	60.8	19.1	1.0	31/12/2010
387	480	Hitachi	Japan	Electronic & electrical equipment	23,608.1	95,963.4	-1,144.5	94,562.8	347,810	5.2			31/03/2010
388	343	Mitsubishi Estate	Japan	Real estate investment & services	23,603.9	N/R	127.3	46,516.2	7,983	17.0		0.8	31/03/2010
389	467	The Swatch Group	Switzerland	Personal goods	23,587.3	6,539.6	1,149.9	8,988.2	25,197	443.9	20.4		31/12/2010
390	438	Enbridge	Canada	Oil equipment & services	23,556.1	15,172.5	972.9	30,130.4	6,357	61.1	23.3	2.8	31/12/2010
391	474	Saipem	Italy	Oil equipment & services	23,488.9	14,939.8	1,129.9	20,106.7	39,249	53.2	21.2	1.6	31/12/2010
392	441	Hong Kong Exchanges & Clearing	Hong Kong	Financial services	23,425.7	N/R	648.0	6,159.9	883	21.7	36.2	2.5	31/12/2010
393	331	General Mills	US	Food producers	23,333.7	14,796.5	1,530.5	17,678.9	33,000	36.6	16.3	1.3	30/05/2010
394	378	United Overseas Bank	Singapore	Banks	23,269.2	N/R	2,101.2	166,442.9	21,653	14.9	11.2	3.2	31/12/2010
395	393	FPL Group	US	Electricity	23,202.9	14,667.0	1,957.0	52,994.0	4,690	55.1	11.6	3.6	31/12/2010
396	411	Swisscom	Switzerland	Fixed line telecommunications	23,186.6	12,835.1	1,939.0	22,479.6	19,547	447.6	11.9	2.9	31/12/2010
397		British Sky Broadcasting	UK	Media	23,180.2	8,837.1	1,312.4	7,180.9	16,439	13.2	17.6	2.2	30/06/2010
398		Hermes International	France	Personal goods	23,176.0	3,213.9	564.5		8,057	219.5		0.9	31/12/2010
399		Nan ya Plastics	Taiwan	Chemicals	23,151.1	11,579.3	1,404.6	15,794.0	33,710	3.0	16.4	5.4	31/12/2010
400		BT Group	UK	Fixed line telecommunications	23,094.5	31,731.4	1,559.9	40,188.2	97,800	0.9	14.9	3.4	31/03/2010
401	318	China Minsheng Banking	China	Banks	23,075.2	N/R	2,667.4	276,021.5		0.9		2.2	31/12/2010
402	463	Housing Development Finance	India	Financial services	22,989.3	N/R	721.2	32,039.7	1,505	15.7	31.3	0.2	31/03/2010
403	423	Archer Daniels Midland	US	Food producers	22,949.3	61,682.0	1,930.0	31,548.0	29,300	36.0	12.0	1.6	30/06/2010

Global rank 2011	Global rank 2010	Company	Country	Sector	Market value $m	Turnover $m	Net income $m	Total assets $m	Employees	Price $	P/e ratio	Dividend yield (%)	Year End
404	335	Power Financial	Canada	Life insurance	22,845.5	N/R	1,588.8	142,508.7		32.3	15.3	4.4	31/12/2010
405		Kumba Iron Ore	South Africa	Industrial metals & mining	22,764.2	5,846.6	2,163.6	4,139.5		70.7		7.4	31/12/2010
406	406	Copec	Chile	Oil & gas producers	22,724.0	13,265.6	1,106.9	19,270.7		17.5	20.6	1.8	31/12/2010
407		Yanzhou Coal Mining	China	Mining	22,719.7	5,150.0	1,408.2	10,868.0	50,909	3.6	12.5		31/12/2010
408	250	Medco Health Solutions	US	Health care equipment & services	22,714.3	65,968.3	1,427.3	17,097.3	24,625	56.2	17.8		25/12/2010
409	359	Seven & I Holding	Japan	General retailers	22,695.8	57,502.1	504.8	41,034.1	52,814	25.6	45.7	2.5	28/02/2010
410	297	Bharat Heavy Electronics	India	Industrial engineering	22,622.0	7,396.8	965.3	11,474.4	45,135	46.2	23.5	1.1	31/03/2010
411	322	Emirates Telecommunications	UAE	Mobile telecommunications	22,603.1	8,693.1	2,077.6	20,486.4	38,785	2.9	11.0	5.6	31/12/2010
412	363	Larsen & Toubro	India	Construction & materials	22,571.7	9,796.8	1,216.1	15,752.6	28,670	37.1	18.5	0.8	31/03/2010
413	353	State Street	US	Financial services	22,568.4	N/R	1,556.0	158,719.0		44.9	14.5	0.1	31/12/2010
414	498	Juniper Networks	US	Technology hardware & equipment	22,509.5	4,093.3	618.4	8,467.9	8,772	42.1	36.6		31/12/2010
415		Sandvik	Sweden	Industrial engineering	22,396.6	12,308.8	987.9	13,096.5	47,064	18.9	22.7	2.4	31/12/2010
416	272	East Japan Railway	Japan	Travel & leisure	22,321.4	27,538.8	1,286.3	72,035.5	71,854	55.8	17.2	2.1	31/03/2010
417	301	Westfield Group	Australia	Real estate investment trusts	22,302.7	N/R	1,137.9	36,645.1		9.7	19.3	6.7	31/12/2010
418	408	Metro	Germany	Food & drug retailers	22,176.1	90,037.6	1,137.9	45,605.2	283,280	68.4	19.6	2.6	31/12/2010
419		Chesapeake Energy	US	Oil & gas producers	22,043.9	9,366.0	1,774.0	37,179.0	10,000	33.5	14.2	0.9	31/12/2010
420		Anhui Conch Cement	China	Construction & materials	21,918.2	5,235.6	935.1	9,131.3		6.3		0.8	31/12/2010
421	454	Naspers	South Africa	Media	21,893.8	3,842.7	447.0	7,775.8	11,577	53.9	45.3	0.6	31/03/2010
422	284	Nippon Steel	Japan	Industrial metals & mining	21,846.7	37,318.5	-123.4	53,202.2	52,205	3.2		2.2	31/03/2010
423	339	Yahoo	US	Software & computer services	21,841.0	6,324.7	1,231.5	14,885.1	13,600	16.7	18.5		31/12/2010
424	376	Deutsche Post	Germany	Industrial transportation	21,823.7	68,917.1	3,401.6	49,428.5	418,946	18.1	6.4	4.8	31/12/2010
425	354	Charles Schwab	US	Financial services	21,737.0	N/R	454.0	92,398.0	12,800	18.0	47.4	1.3	31/12/2010
426	395	Allergan	US	Pharmaceuticals & biotechnology	21,714.6	4,919.4	0.6	8,090.3	9,200	71.0		0.3	31/12/2010
427	451	Ace	US	Nonlife insurance	21,709.6	N/R	3,108.0	82,586.0	16,000	64.7	7.1	2.0	31/12/2010
428	374	Thermo Fisher Scientific	US	Health care equipment & services	21,698.2	10,788.7	1,035.6	21,349.4	37,200	55.6	22.0		31/12/2010
429	495	Malayan Banking	Malaysia	Banks	21,661.4	N/R	1,177.0	103,308.7	40,000	3.0	17.4	5.1	30/06/2010
430	345	Tokio Marine Holdings	Japan	Nonlife insurance	21,588.6	N/R	1,374.1	183,867.5	29,578	26.8	15.4	2.0	31/03/2010
431		Sany Heavy Industry	China	Industrial engineering	21,584.1	5,152.0	852.0	4,755.4	42,367	4.3	25.3		31/12/2010
432		Formosa Chemicals & Fibre	Taiwan	Chemicals	21,576.4	9,264.9	920.3	13,846.8	17,936	3.8	23.7	3.7	31/12/2009
433		Cummins	US	Industrial engineering	21,575.3	13,232.0	1,040.0	10,199.0	39,200	109.6	20.8	0.8	31/12/2010
434	314	Shin-Etsu Chemical	Japan	Chemicals	21,558.4	9,810.2	897.2	18,693.8	16,955	49.9	23.6	2.1	31/03/2010
435	420	Shinhan Financial Group	South Korea	Banks	21,549.6	N/R	2,126.1	237,263.6		45.4		1.5	31/12/2010
436		Formosa Plastics	Taiwan	Chemicals	21,543.3	7,724.0	1,561.3	12,183.8	5,570	3.5	13.5	6.5	31/12/2010
437	458	Swire Pacific	Hong Kong	General industrials	21,532.4	3,756.7	4,921.1	34,767.4	100,000	14.7	4.5	3.1	31/12/2010
438		Antofagasta	UK	Mining	21,507.6	4,628.4	1,063.8	11,606.5	4,218	21.8		0.7	31/12/2010
439		Eletrobras	Brazil	Electricity	21,481.6	14,949.9	97.8	76,289.4	25,809	15.2		1.6	31/12/2009
440	365	MTR	Hong Kong	Travel & leisure	21,374.9	3,797.5	1,551.4	23,370.0	20,501	3.7	13.7	2.2	31/12/2010

Global rank 2011	Global rank 2010	Company	Country	Sector	Market value $m	Turnover $m	Net income $m	Total assets $m	Employees	Price $	P/e ratio	Dividend yield (%)	Year End
441	433	Swiss RE	Switzerland	Nonlife insurance	21,293.1	N/R	956.5	239,148.3	10,362	57.4			31/12/2010
442	274	Citic Securities	China	Financial services	21,217.2	N/R	1,716.3	2,324,184.0	15,476	2.1			31/12/2010
443	435	Tyco International	US	General industrials	21,209.9	17,016.0	1,132.0	25,997.0	108,000	44.8	19.3	1.9	24/09/2010
444	442	Precision Castparts	US	Aerospace & defence	21,113.1	5,489.4	921.8	7,660.7	18,100	147.2	22.9	0.1	28/03/2010
445	448	ThyssenKrupp	Germany	* General industrials	21,049.0	58,066.9	1,122.6	58,749.4	177,346	40.9	16.9	1.5	30/09/2010
446	473	ICL	Israel	Chemicals	20,942.4	6,020.9	1,084.1	6,267.8	11,035	16.5	19.4	6.0	31/12/2010
447	373	Yahoo Japan	Japan	Software & computer services	20,889.5	2,994.5	893.7	4,407.9	4,882	359.1	23.3	0.9	31/03/2010
448	360	Toshiba	Japan	General industrials	20,809.6	68,283.1	-211.3	54,521.7	203,889	4.9			31/03/2010
449	461	Industries Qatar	Qatar	General industrials	20,723.4	3,386.7	1,531.3	8,763.5	5,750	37.7	13.6	4.0	31/12/2010
450		Reynolds American	US	Tobacco	20,710.0	8,551.0	1,113.0	17,078.0	26,766	35.5	18.6	9.0	31/12/2010
451	421	Li & Fung	Hong Kong	Personal goods	20,690.5	15,967.4	550.4	9,506.5	56,013	5.1		2.3	31/12/2010
452	357	China Coal Energy	China	Mining	20,676.2	10,666.3	1,132.8	18,624.5	21,522	1.4	17.0	1.5	31/12/2010
453	468	Danske Bank	Denmark	Banks	20,659.6	N/R	657.0	576,492.3	935	22.2	25.2		31/12/2010
454	483	Tullow Oil	UK	Oil & gas producers	20,637.5	1,102.0	54.6	8,267.3		23.2		0.4	30/06/2010
455		Fortescue Metals	Australia	Industrial metals & mining	20,635.4	3,067.9	553.5	5,181.6	14,325	6.6	36.8		31/10/2010
456	437	Applied Materials	US	Technology hardware & equipment	20,609.1	9,548.7	937.9	10,831.2	1,729	15.6	22.3	1.7	31/12/2010
457	471	American Tower	US	Mobile telecommunications	20,604.3	1,985.3	372.9	10,289.5		51.8	56.3		31/12/2010
458	307	Saudi Telecom	Saudi Arabia	Fixed line telecommunications	20,532.5	13,810.0	2,516.4	29,386.0	32,083	10.3	8.2	7.8	31/12/2010
459	364	Kansai Electric Power	Japan	Electricity	20,512.1	27,890.5	1,360.7	72,730.2		21.9	14.6	2.9	31/03/2010
460	392	Zain Group	Kuwait	Technology hardware & equipment	20,456.4	4,810.3	3,782.2	13,201.3	10,850	4.8	17.6	14.9	31/12/2010
461	432	Svenska Handelsbanken	Sweden	Banks	20,454.4	N/R	1,641.8	320,653.5	107,831	32.8	12.4	4.1	31/12/2010
462	356	Aluminum Corp of China	China	Industrial metals & mining	20,386.6	18,357.3	118.0	21,227.3		1.0			31/12/2010
463	417	KB Financial Group	South Korea	Banks	20,251.8	N/R	78.8	233,667.8	25,100	52.4		0.2	31/12/2010
464	390	Rogers Communications	Canada	Mobile telecommunications	20,240.3	12,222.7	1,532.6	17,382.2	2,570	36.2	13.6	3.6	31/12/2010
465	381	CME Group	US	Financial services	20,218.7	N/R	951.4	35,044.9	18,000	301.5	21.1	1.5	31/12/2010
466		Brookfield Asset Management	Canada	Real estate investment & services	20,215.3	N/R	1,510.2	78,131.0	36,984	32.4		1.6	31/12/2010
467		CIMB Group Holdings	Malaysia	Banks	20,123.3	N/R	1,141.6	87,336.7	32,500	2.7	16.9	1.5	31/03/2010
468	449	McKesson	US	Food & drug retailers	20,099.3	108,702.0	1,263.0	28,189.0	6,104	79.1	17.1	0.6	31/12/2010
469	436	Snam Rete Gas	Italy	Gas, water & multiutilities	20,097.9	4,652.0	1,480.6	26,463.2	7,092	5.6	12.8	5.5	31/12/2010
470		China Yangtze Power	China	Electricity	20,081.6	1,608.4	676.3	23,695.3	10,100	1.2	24.4	3.3	31/12/2010
471		Genzyme	US	Pharmaceuticals & biotechnology	20,079.7	4,048.7	422.1	10,544.2	9,992	76.2	48.5		31/12/2009
472	405	CSL	Australia	Pharmaceuticals & biotechnology	19,997.8	3,744.4	884.8	4,638.4	1,616	37.0	23.5	1.8	30/06/2010
473	426	Unibail-Rodamco	France	Real estate investment trusts	19,900.4	N/R	2,928.5	33,423.2	73,452	216.9	6.8	4.9	31/12/2010
474	488	Fresenius Medical Care	Germany	Health care equipment & services	19,889.2	12,223.9	992.4	17,001.5	30,200	67.3	20.4	1.3	31/12/2010
475	427	Reed Elsevier	Netherlands/UK	Media	19,850.9	9,447.0	1,011.0	17,408.7	20,639	8.7	20.1	3.7	31/12/2010
476		Swedbank	Sweden	Banks	19,848.9	N/R	1,108.6	255,317.8	12,000	17.1	17.8	1.8	31/12/2010
477		Genting Singapore	Singapore	Travel & leisure	19,827.4	2,146.0	29.4	7,783.9		1.6			31/12/2010

Global rank 2011	Global rank 2010	Company	Country	Sector	Market value $m	Turnover $m	Net income $m	Total assets $m	Employees	Price $	P/e ratio	Dividend yield (%)	Year End
478	385	Kellogg	US	Food producers	19,797.1	12,397.0	1,247.0	11,847.0	30,600	54.0	16.4	2.9	01/01/2011
479		Severstal	Russia	Industrial metals & mining	19,764.0	13,523.6	-574.9	19,227.1		19.6		1.1	31/12/2010
480		PTT Exploration & Production	Thailand	Oil & gas producers	19,749.3	4,722.2	1,388.2	10,922.4	3,090	6.0	14.2	2.9	31/12/2010
481		Liberty Media	US	Media	19,676.9	10,982.0	1,892.0	26,600.0	24,000	16.0	11.1		31/12/2010
482	403	TKI Garanti Bankasi	Turkey	Banks	19,641.5	N/R	2,223.2	87,894.0	19,947	4.7	8.8	1.9	31/12/2010
483		SEB	Sweden	Banks	19,581.7	N/R	1,004.5	324,364.4	20,717	8.9	19.4	2.5	31/12/2010
484		Origin Energy	Australia	Gas, water & multiutilities	19,569.0	7,171.5	514.3	18,274.0	4,392	16.8	29.4	2.4	30/06/2010
485	485	Hang Lung Properties	Hong Kong	Real estate investment & services	19,567.3	N/R	2,857.7	14,912.8	2,324	4.4	6.3	2.1	30/06/2010
486	496	Aviva	UK	Life insurance	19,565.7	N/R	2,282.4	565,888.4	45,142	6.9	8.8	5.8	31/12/2010
487	277	Nomura	Japan	Financial services	19,520.0	N/R	725.4	341,562.7	26,374	5.3	22.8	1.7	31/03/2010
488		Bank Central Asia	Indonesia	Banks	19,481.9	N/R	941.2	35,904.9	19,687	0.8	20.0		31/12/2010
489		Peabody Energy	US	Mining	19,472.4	6,860.0	768.4	11,363.1	7,200	72.0	25.2	0.4	31/12/2010
490	479	PPR	France	General retailers	19,465.1	19,551.7	1,291.2	32,308.6	60,000	153.5	17.5	3.1	31/12/2010
491	416	Kyocera	Japan	Electronic & electrical equipment	19,458.7	11,489.7	429.0	19,647.7	63,876	101.7	43.5	1.3	31/03/2010
492	469	CLP Holdings	Hong Kong	Electricity	19,457.8	7,514.5	1,329.2	22,532.4	6,075	8.1	14.7	4.0	31/12/2010
493		Daqin Railway	China	Industrial transportation	19,433.3	3,330.8	956.6	9,938.7	40,178	1.3		3.1	31/12/2009
494	407	Akbank	Turkey	Banks	19,431.7	N/R	1,951.4	77,813.1	15,550	4.9	9.9	1.9	31/12/2010
495		Air Products and Chemicals	US	Chemicals	19,381.5	9,026.0	1,029.1	13,420.4	18,300	90.2	19.0	2.1	30/09/2010
496	460	TJX Cos	US	General retailers	19,377.7	21,942.2	1,343.1	7,971.8	166,000	49.7	15.1	1.2	29/01/2011
497	336	Eurasian Natural Resources	UK	Mining	19,331.2	6,605.0	2,185.0	14,318.0	70,322	15.0	9.9	2.4	31/12/2010
498		PKO Bank	Poland	Banks	19,236.8	N/R	1,085.0	57,024.8	29,780	15.4	17.7		31/12/2010
499	402	QBE Insurance Group	Australia	Nonlife insurance	19,221.6	N/R	1,419.8	42,095.0	14,512	18.3	13.2	7.2	31/12/2010
500		Qatar National Bank	Qatar	Banks	19,174.6	N/R	1,566.7	61,352.0		37.7	12.2	2.8	31/12/2010

Data from Thomson ONE Banker, Thomson Reuters Datastream and individual companies.

다국적기업과 해외직접투자 그리고 공정경영

초판1쇄 발행 • 2011년 6월 30일

지은이 • 신상헌
펴낸이 • 이재호
펴낸곳 • 리북
등 록 • 1995년 12월 21일 제406-1995-000144호
주 소 • 경기도 파주시 광인사길 68, 2층(문발동)
전 화 • 031-955-6435
팩 스 • 031-955-6437

정 가 • 15,000원

www.leebook.com

ISBN 978-89-87315-43-0